LANNOY
vesbury

THOMAS DELANO
Rebecca Alden

JONATHAN DELANO
Hannah Doten

AMAZIAH DELANO
Ruth Samson

JONATHAN DELANO
Eliz. [Turner] Sprague

CORNELIUS DELANO
Sarah Peterson

SAMUEL DELANO
Abigail Drew

GEORGE DELANO

AMASA DELANO

By Muriel Curtis Cushing

In Memoriam
Capitán de Corbeta
Don Jorge Agustín Délano Ross

Jorge Agustín Delano Ross with Chilean naval cadet Jorge Andrés Délano Rodríguez, circa 1949

(1876 - 1961)

Title:	CAPTAIN PAUL DELANO. The founder of the Delano family in Chile
Author:	Jorge Andrés Delano Rodriguez
Edited by:	**The Lost World Balloon Society** Tórtola, British Virgin Islands
Spanish translation:	Maricarmen Aveledo
French translation:	Claire Capdevila / Michel Rowland
Photography:	Jorge Delano / Patricio Villalobos / Juan Pablo Delano T.
Design:	María Mercedes Moreno - Surreal Multimedia
Separations:	Cromatic
Printing:	Imprenta Editorial Ecuador
ISBN:	9978-41-431-2
All rights reserved:	014144
First Edition	500 numbered
	August 4, 2000

ACKNOWLEDGEMENTS

Admiral Daniel Arellano M.
Commander Daniel Arellano Walbaum
Maricarmen Aveledo
Luis Fernando & Olga Blaksley
Admiral Sergio Cabezas D.
Claire Capdevila
Muriel Curtis Cushing
Frank Delano
Juan Pablo Delano T.
Katherine Wadsworth Delano
Ross Delano-Wadsworth
Marco & Mabel de la Puente
Professor Darío Euraque

Commander Roberto Kelly Vásquez
Professor Paul Lauter
Professor Eugene Leach
Professor Carlos López Urrutia
Irene Balaresque Walbaum de Parga
Commander Kenneth Puig
Luis & Ana Maria Rivano
Michel Rowland
Professor Edward Sloan
Commander Patricio Villalobos
Mary Delaney Wadsworth
Admiral Adolfo Walbaum
Professor Sandra Wheeler

Captain Paul Delano

The founder of the Delano family in Chile

Presented
to
The Delano Kindred 2000 Reunion

Held at the

First Parish Church, Duxbury, Massachusetts

12 August 2000

By
Jorge Andres Delano
40 Meadow Lane.
Farmington, CT 06032 USA
lwbs@aol.com

PREFACE

This is the story of Captain Paul Delano, an American sea-captain, who actively participated in the Wars of Independence of Chile from 1818 to 1822. He is only one of the Americans who helped Chile win her Independence from Spain in the early XIX Century.

The Americans are the silent heroes of those times, obscured by the more flashy and, thus, more famous English fighting captains of the stature of Vice-Admiral Lord Thomas Alexander Cochrane, who became Chile's most revered foreign naval hero. Captain Delano was a subordinate of Lord Cochrane; a loyal and able sea-captain who partook, with his chief, in the most important naval operations against the royalist stronghold in Peru. Captain Delano commanded several war frigates during these turbulent times, remained loyal to Chile and Lord Cochrane in those trying months when General San Martin who, once established as Protector of Peru in 1821, set out to undermine the Chilean fleet. San Martin was only interested in building his own Peruvian Navy at the expense of the Chileans. Captain Delano also found the time to design a sort of telegraph system to interconnect the cities of Santiago and Valparaiso. In 1821, Captain Delano designed and built the first floating wharf of Valparaiso. After Lord Cochrane left Chile in 1822, Captain Delano participated in the second ill fated expedition led by General Freire to oust the remaining royalist from Chiloe in 1824. That same year, Captain Delano was appointed Commander of the Navy Department in Valparaiso, presiding at the public auction of the Chilean Armada. Later, in 1831, he was put in charge by the government of the construction of the first jetty for the port of Valparaiso.

On the personal side, Captain Delano along with his family, who had joined him in February of 1821, witnessed two massive earthquakes, one that struck Valparaiso in 1822 and the other in 1835 in what had become his home town of Talcahuano. Talcahuano was completely destroyed at that time, including Captain Delano's house near the beach. He was instrumental in the founding of a cemetery for dissidents (non-Catholics) in both Valparaiso and Santiago in 1819. Ironically, it is there in Valparaiso where, some 62 years later, his son Paul Hinckley Delano was buried and lies today with part of his very large family

Captain Delano's expertise was commanding large number of sailing ships as transports for the Army. In 1820, he commanded the 17 transport ships convoyed by Lord Cochrane's fighting ships that carried the Liberating Expedition to Peru. In the same capacity as before, Captain

Delano commanded another two expeditions, one in 1837 and another in 1838, both against the Peruvian and Bolivian confederation. In 1837, he managed to build the first lighthouse in Punta Angeles, Valparaiso. One hundred and fifty years later in 1987, the Navy celebrated this anniversary with a lot of pomp and ceremony. Never once was the name of Captain Paul Delano, the builder of that first lighthouse in Chile, reported in the local papers. From 1819 Captain Delano remained in Chile with all his family, for rest of his life, ever active in the Chilean Navy until his death in 1842. He unwittingly became the founder of the Delano family in that country.

This research has the purpose of shedding some new light on the extraordinary life of Captain Paul Delano in this personal quest to resurrect him from historic oblivion. It is, as yet, an unfinished project. We know how he came to leave, much of what happened afterwards but we still do not know why he came to choose this path at such a late date in his life, 43 years old. We know that personal papers and letters of Captain Paul were passed on to his granddaughter, Irene Delano de Walbaum. Portions of some of these documents were quoted in the 1899 publication by Joel Andrew Delano, *The Genealogy History and Alliances of the American House of Delano*. These papers are somewhere in Chile or abroad, hopefully, in the possession of a Delano cousin. If such documents could be located this goal of knowing more of our New England born ancestor's life in Chile; in its Navy and, most importantly, why he came to be there, could be reached.

JAD

El Capitán Paul Délano (1775-1842) nace en los albores de los entonces revolucionarios Estados Unidos de América, en el Municipio de Dartmouth, (hoy Fairhaven), Condado de Bristol, en lo que en la actualidad conocemos como Estado de Massachusetts, el 15 de junio de 1775[1], justo 2 meses después de los disparos que tuvieron eco alrededor del mundo (Ralph Waldo Emerson, 1803-1882) detonados en Lexington, Massachusetts, el 19 de abril de 1775. Tanto él como sus hermanos fueron descendientes directos de Philippe de Lannoy (1602-1681), un hugonote francés, instaurador de la familia Délano en las Américas. Philippe de Lannoy llegó a la costa de la Bahía de Massachusetts en Plymouth, a bordo del "Fortune", barco de vela de solo 55 toneladas, el segundo, después del célebre "Mayflower", en llevar hacia el Nuevo Mundo a un grupo de peregrinos perseguidos, el 11 de noviembre de 1621[2].

Los padres del Capitán Délano , Nathan Délano (1732-1804) y Sarah Tripp (1730-1787), eran ambos originarios de Dartmouth (Fairhaven), Massachusetts, donde también contrajeron matrimonio el 23 de julio de 1752[3]. Desde muy temprana edad, el mar fascinó a Paul, decimotercer hijo de la pareja. Al momento de convertirse en un joven, ya se había probado a sí mismo con su capacidad y con el valor necesario para comandar un barco. El 13 de abril de 1800, casi a punto de cumplir sus 25 años, Paul contrajo matrimonio con Ann Ferguson (1774-1847) en Dartmouth, su ciudad natal. En 1801, nació su primera hija, Mary Ann (1801-1866). En el transcurso del siguiente año vino al mundo Eliza, pero falleció en diciembre de 1803. Más temprano, en aquel mismo año, Paul vendió su casa, en lo que es hoy 34 Middle Street en Fairhaven[4], a su primo Jabez Délano (1763-1848), trasladando a su pequeña familia a Nueva York para comenzar una nueva vida. Fue allí donde nació Paul Hinckley Délano (1806-1881), el 2 de abril de 1806. Durante los 4 años siguientes dos niños más le nacieron a Paul y a Ann Délano : Robert Ferguson Délano (1808-1827) y William Gibson Délano (1810-1877), con lo que la familia ya estuvo completa[5].

Durante sus años de residencia en Nueva York, una de las mecas americanas de la navegación mercantil, Paul Délano dedicó su tiempo y destrezas en ser capitán de la marina

Le Capitaine Paul Délano (1775-1842) est né à l'aube de la Révolution des Etats-Unis d'Amérique, dans la Municipalité de Dartmouth, (aujourd'hui Fairhaven), Comté de Bristol, dans ce que nous connaissons actuellement comme l'Etat de Massachussets, le 15 juin 1775,[1] juste deux mois après les coups de fusils détonnés à Lexington, Massachussets le 19 avril 1775 qui eurent des échos autour du monde (Ralph Waldo Emerson, 1803-1882). Autant lui comme ses enfants sont descendants directs de Philippe de Lannoy (1602-1681), huguenot français, fondateur de la famille Délano aux Amériques. Philippe de Lannoy arriva aux côtes de la Baie de Massachussets à Plymouth, à bord du "Fortune", bateau de 55 tonnes, le second après le célèbre "Mayflower", transportant un groupe de "pilgrims" poursuivis, le 11 novembre 1621.[2]

Les parents du Capitaine Délano, Nathan Délano (1732-1804) et Sarah Tripp (1730-1787) étaient tous deux originaires de Dartmouth (Fairhaven), Massachussets, où ils se marièrent le 23 juillet 1752.[3] Dès son jeune âge, la mer fascina Paul, le treizième fils du couple. Jeune homme, il s'était déjà montré capable et avec le courage nécessaire pour commander un bateau. Le 13 avril 1800, juste avant d'accomplir les 25 ans, Paul se maria avec Ann Ferguson (1774-1847) à Dartmouth [Fairhaven], sa ville natale. En 1801 est née sa première fille, Mary Ann (1801-1866). Durant l'année suivante, vint au monde Eliza, mais elle mourût en décembre 1803. Au début de cette même année, Paul vendit sa maison située à l'addresse qui est aujourd´hui: 34 Middle Street à Fairhaven[4] à son cousin Jabez Délano, père (1763-1848) et déménagea sa petite famille à New York pour commencer une nouvelle vie. Un fils, Paul Hinckley Délano (1802-1881) naquit le 2 avril1806 á New York. Durant les suivantes quatre années Paul et Ann Délano eurent deux autres fils, Robert Ferguson Délano (1808-1827) et William Gibson Délano (1810-1877). Alors la famille fùt au complet.[5]

Captain Paul Delano

View of New York's East River. Early XIX Century.

Captain Paul Delano (1775-1842) was born at the dawn of revolutionary United States of America in the Township of Dartmouth (today Fairhaven), county of Bristol in the present day State of Massachusetts on June 15, 1775,[1] just two months following the shots "heard 'round the world" (Ralph Waldo Emerson, 1803-1882) fired in Lexington, Massachusetts on April 19, 1775. He and all his siblings were direct descendants of Philippe de Lannoy (1602-1681), a French Huguenot and founder of the Delano family in the Americas. Philippe de Lannoy arrived on the coast of Massachusetts Bay at Plymouth aboard the 55-ton sailing ship "Fortune," the second, following the celebrated "Mayflower," to carry a group of persecuted pilgrims to the New World on November 11, 1621.[2]

34 Middle Street, Fairhaven, MA

The parents of Captain Paul Delano were Nathan Delano (1732-1804) and Sarah Tripp (1730- 1787), both of Dartmouth (Fairhaven), Massachusetts, which is also where they were married on July 23, 1752.[3] The sea fascinated Paul, the thirteenth child of the marriage, from a very early age. By the time he became a young man he had proven himself capable and worthy enough to be given command of a ship. On April 13, 1800, at just about the age of 25, Paul married Ann Ferguson (1774-1847) in his hometown of Dartmouth [Fairhaven]. In 1801 their first daughter, Mary Ann (1801-1866), was born. During the following year, Eliza arrived, but in December 1803, she died. Earlier in that same year, Paul sold his home at what is today 34 Middle Street in Fairhaven[4] cousin, Jabez Delano Sr. (1763-1848), and moved his small family to New York to start a new life. A son, Paul

Ann (Ferguson) Delano

1 Joel Andrew Delano. *The Genealogy History and Alliances of the American House of Delano 1621 to 1899.* New York: 1899. p. 461

2 Ibid. p. 100

3 Muriel Curtis Cushing. *Philippe de Lannoy or Philip Delano of the "Fortune" 1621 and his Descendants for Four Generations.* Plymouth: General Society of Mayflower Descendants, 1999 pp. 33,127

4 Fairhaven Town Hall. "Fairhaven Registry of Deeds". New Bedford, Massachusetts. On April 20, 1801, Joshua and Innocent Loring sold to Paul Delano for the sum of $500; "a certain lot of land with a dwelling house on same situated in that part of New Bedford called Fairhaven". Book 16:21. Also recorded in Bristol County. "Registry of Deeds", Taunton, Massachusetts Book 81:135, on January 25, 1803, Paul Delano, a Mariner, sold the same property described above, for the sum of $ 750 to Jabez Delano, a Goldsmith, "Fairhaven Registry of Deeds" Book 22:223. Also recorded in Bristol County. " Registry of Deeds", Taunton, Massachusetts Book 99:469 entry # 819.

mercante, de esos grandiosos buques veleros de carga que llevaban a cabo largas y nada seguras travesías trasatlánticas con rumbo a puertos europeos. En 1811, durante uno de estos viajes transoceánicos desde Savannah, Georgia a Liverpool en Inglaterra, con una bodega llena de algodón, toda su tripulación cayó repentina y fatalmente enferma con la temida fiebre amarilla. Todos perecieron excepto el Capitán Délano, su segundo de abordo, y el grumete[6]. Los tres sobrevivientes se manejaron de forma increíble para mantener navegando el enorme buque de vela, hasta arribar finalmente a puerto seguro. La guerra con Inglaterra de 1812 obligó al Capitán Délano a retirarse del mar temporalmente trasladándose con su familia a una granja en el campo en Nueva Jersey, debido a que la actividad marítima mercantil fue casi nula durante todo el período del conflicto[7].

Mientras tanto, las colonias españolas desde México a Tierra de Fuego, habían entrado en conflicto con la Madre Patria por sus respectivas ambiciones de independencia, bajo el mando de diversos caudillos militares de la región. El General Bernardo O´Higgins (1778-1842), Director Supremo de Chile, designó, el 8 de marzo de 1817 a Don Manuel Hermenegildo Aguirre (1786-1843), un ciudadano de las Provincias Unidas de Río de la Plata, como Enviado Especial para los Estados Unidos de América[8]. El General José de San Martín (1778-1850) actuando con plenos poderes otorgados por O´Higgins, suscribió un contrato con Aguirre en Buenos Aires para adquirir o encargar la construcción, en Estados Unidos, de dos fragatas de guerra de 34 cañones cada una, para el Gobierno de Chile. El contrato contenía especificaciones detalladas, relativas a las dimensiones de los barcos, sus mástiles, velas y armamento. El nombramiento de Aguirre fue adicionalmente extendido no solo para comprar o construir los navíos, sino equiparlos y habilitarlos completamente, así como también contratar a los oficiales y tripulación necesarios para poner en funcionamiento los barcos. Una vez que estuviesen completamente equipados para hacerse a la mar, Aguirre debía enviar los barcos al Río de la Plata. Las instrucciones precisas también requerían de Aguirre contratar solo a "personas de buenas costumbres" como oficiales, comprometiéndose específicamente a remunerarlos con los mismos suel-

Durant les années de résidence à New York, une des mecca américaines de la navigation commerciale, Paul Délano dedica son temps et son expérience à être capitaine de navires marchands, ces grands navires à voile qui faisaient le transport long et peu sûr de marchandises jusqu'aux ports européens. En 1811, lors d'un de ces voyages transatlantiques depuis Savannah, Georgia jusqu'à Liverpool en Angleterre, avec la cale replète de coton, l'équipage entier tomba soudainement et fatalement malade de la terrible fièvre jaune. Tous moururent, sauf le Capitaine Paul Délano, son second à bord et le mousse.[6] Les trois survivants s'arrangèrent de manière incroyable pour continuer à naviguer l'énorme bateau à voile jusqu'à arriver à bon port. La guerre de 1812 obligea le Capitaine Délano à se retirer avec sa famille dans une ferme dans la région de New Jersey, puisqu'il ne se passait pas grand chose dans le négoce de la marine marchande durant ce conflit avec l'Angleterre.[7]

Pendant ce temps, les colonies espagnoles, du Méxique à la Terre de Feu, avaient été en guerre avec la mère patrie pour obtenir leur indépendance, sous la conduite de plusieurs dirigeants militaires régionnaux. Le Général Bernardo O'Higgins (1778-1842), Directeur Suprême du Chili, le 8 mars 1817 désigna Don Manuel Hermenegildo Aguirre (1786-1843), citoyen des Provinces Unies de Rio de la Plata, comme Envoyé Spécial aux Etats-Unis d'Amérique.[8] Le Général José de San Martin (1778-1850), le 17 avril 1817, agissant avec pleins pouvoirs octroyés par O'Higgins, souscrit un contrat avec Aguirre à Buenos Aires pour acheter ou ordonner la construction aux Etats-Unis de deux frégates de guerre de 34 canons chacune pour le compte du Gouvernement du Chili. Le contrat contenait les spécifications détaillées, en ce qui concernait les mesures des bateaux, leurs mâts, voiles et armements. Le mandat de Aguirre fût ensuite modifié pour inclure non seulement l'achat ou la construction des bateaux, mais aussi pour les équiper et chercher les officiers et l'équipage nécessaires pour ces bateaux. Une fois les

General Bernardo O'Higgins

General José de San Martín

The Spanish Empire at the beginning of the 1800's.

Hinckley Delano (1806-1881), was born on April 2, 1806, in New York. During the next four years two more boys were born to Paul and Ann Delano, Robert Ferguson Delano (1808-1827) and William Gibson Delano (1810-1877), and the family was complete.[5]

In the years he was based in New York, an American mecca of mercantile shipping, Paul Delano dedicated his time and expertise to being a captain of merchant ships, those grand sailing cargo vessels that carried out the long and treacherous transatlantic crossings to European ports. In 1811, during one such ocean voyage from Savannah, Georgia to Liverpool in England with a hold full of cotton, his entire crew suddenly fell fatally ill with the dreaded yellow fever. All were lost except for Captain Delano, his second mate, and the cabin boy.[6] The three survivors managed, incredibly, to continue navigating the enormous sailing ship, finally arriving at a safe port. The War of 1812 forced Captain Delano into temporary retirement with his family on a farm in the New Jersey countryside, there being little happening in the business of merchant shipping during this conflict with England.[7]

In the meantime, the Spanish colonies from Mexico to Tierra del Fuego had been warring with the mother country for their independence under the leadership of various regional military leaders. General Bernardo O'Higgins (1778-1842), Supreme Director of Chile, on March 8, 1817 appointed Don Manuel Hermenegildo Aguirre (1786-1843), a citizen of the United Provinces of Rio de la Plata, Special Envoy to the United States of America.[8] General Jose de San Martin (1778-1850) on April 17, 1817, acting under full powers given by O'Higgins, entered into a contract with Aguirre in Buenos Aires to acquire or to order the construction, in the United States, of two war frigates of 34 guns each for the Government of Chile. The contract

5 Joel Andrew Delano. *The Genealogy History...* .p. 470
6 Ibid. p. 472
7 Ibid. p. 472
8 William Ray Manning. *Diplomatic Correspondence of the United States Concerning the Independence of the Latin-American Nations.* New York: Oxford University Press 1925 doc 443 v.2 p. 898

dos de la Marina Americana en tiempos de guerra. Adicionalmente, Aguirre debía de ofrecer a la tripulación la mitad de cualquier botín en metálico de los barcos capturados al enemigo. La tripulación tendría un corto y apropiado contrato de un año de duración con el Gobierno chileno. Aguirre viajó a los Estados Unidos con 100.000 pesos, y la promesa de otros 100.000, que le serían entregados en tres meses por Don Miguel Riglos[9].

Aguirre zarpó desde Buenos Aires, el 20 de mayo de 1817[10]. Tras a su llegada a Nueva York el 10 de julio de 1817[11], suscribió un contrato con el célebre astillero de Forman Cheeseman, establecido a orillas del Río del Este en Nueva York, para la construcción de un buque de guerra de 700 toneladas. Aguirre, siguiendo sus instrucciones específicas, contrató simultáneamente con los hermanos Adam y Noah Brown, también prominentes astilleros de la época, la construcción de otro navío de diseño y tonelaje similares.

La reacción de los Españoles no tardo en materializarse. El cónsul español en Nueva York, Thomas Stoughton, declaró bajo juramento, que mantuvo una conversación con Noah Brown de la Ciudad de Nueva York, el 1 de septiembre de 1817, quien

> le dijo que Don Manuel Hermenegildo de Aguirre, el delegado o representante del gobierno Bonaerense, había firmado un contrato con él (Brown) y con el señor Cheeseman (Forman) de esta ciudad, para construir dos buques, de veintiocho cañones cada uno, para uso del gobierno de Buenos Aires, con una capacidad de setecientas toneladas cada uno, por lo que pagaría cuarenta dólares por cada tonelada, por los cascos; cuya botadura debería ser alrededor del 30 de diciembre de 1817, con un costo aproximado, una vez equipados con su armamento, de 80 mil dólares cada uno[12].

Un año más tarde, en julio de 1818, ambas fragatas fueron lanzadas al agua por vez primera y llevadas a remolque desde Corlears Hook, en el Río del Este hasta donde permanecerían fondeadas temporalmente terminándose de equipar en el Río del Norte (Río Hudson). Fue sólo entonces cuando Aguirre comenzó febrilmente a contratar a los

frégates complètement équipées pour la mer, Aguirre devait les envoyer à Rio de la Plata. Les instructions précises données à Aguirre étaient qu'il devait chercher "des personnes respectables" comme officiers, tout en se compromettant spécifiquement à payer les mêmes salaires que la Marine Américaine en temps de guerre. De plus, Aguirre devait offrir à l'équipage la moitié de tout butin en métallique des bateaux capturés à l'ennemi. L'équipage aurait un court et approprié contrat d'une durée d'un an avec le Gouvernement Chilien. Aguirre partît aux Etats-Unis avec 100.000 pesos, et la promesse d'autres 100.000 qui lui seraient remis dans trois mois par Don Miguel Riglos.[9]

Aguirre s'embarqua à Buenos Aires, le 20 mai 1817[10]. A peine arrivé à New York en juillet 1817[11], Aguirre souscrivit un contrat avec le célèbre chantier de constructions navales de Forman Cheeseman (1763-1821), situé au bord du East River à New York, pour la construction d'une frégate de guerre de 700 tonnes. Aguirre, suivant les instructions reçues, souscrivit simultanément un contrat avec les frères Adam et Noah Brown, eux aussi importants constructeurs de navires de l'époque, pour construire une autre frégate de modèle et tonnage similaires.

Le Consul espagnol à New York, Thomas Stoughton, dans une déclaration sous serment, jura avoir eu une conversation avec Noah Brown dans la ville de New York, le 1° septembre 1817, qui

> lui dit que Don Manuel Hermenegildo de Aguirre, l'agent ou représentant du gouvernement de Buenos Ayres, avait signé un contrat avec lui [Brown] et avec Mr. Cheesemen [Forman] dans cette même ville, pour la construction de deux frégates, de vingt-huit canons chacune, pour le compte du gouvernement de Buenos Ayres; que leurs tonnages seraient de sept cents tonnes chacune, et qu'il paierait quarante dollars par tonne, pour les coques; qu'elles seraient prêtes environ le 30 décembre 1817, et que le prix complet, une fois équipées avec les armes,

contained detailed specifications relative to the measurements of the ships, their masts, sails, and armament. Aguirre's commission was further expanded not only to purchase or to build the vessels, but to completely arm and equip them, as well as hiring the necessary officers and the crew to man the ships. Once fully equipped and ready for sea, Aguirre was to send the ships to Rio de la Plata. The precise instructions also required Aguirre to hire "respectable persons" as officers, specifically promising to pay them the same wages given by the American Navy in wartime. Additionally, Aguirre was to offer the crew half of any prize money from ships captured from the enemy. The crew would have a short, convenient one-year contract with the Chilean Government. Aguirre traveled to the United States with 100,000 pesos in cash, and a promise of another 100,000 pesos, to be delivered to him in three months by Don Miguel Riglos.[9]

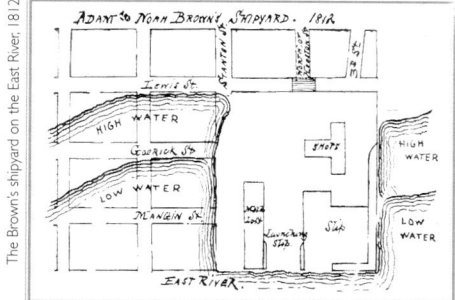

View of an East River Shipyard, New York 1833

The Brown's shipyard on the East River, 1812

Aguirre sailed from Buenos Aires on May 20, 1817.[10] Upon arriving in New York in July of 1817,[11] Aguirre contracted with the noted shipyard of Forman Cheeseman (1763-1821), established on the banks of the East River in New York, for the construction of a warship of 700 tons. Aguirre, following his specific instructions, contracted simultaneously with the brothers Adam and Noah Brown, also prominent shipwrights of the day, to construct another vessel of similar design and tonnage.

The Spanish Consul, Thomas Stoughton in New York, in a deposition under oath, swore that he had a conversation with Noah Brown of the City of New York on September 1, 1817, who

> told him that Don Manuel Hermenegildo de Aguirre, the agent or representative from the Buenos Ayres government, had contracted with him [Brown] and with Mr. Cheeseman [Forman] of this city, to build

9 *Archivo de Don Bernardo O'Higgins.* ed. Eugenio Pereira Salas et al. Santiago: Imprenta Universitaria 1949 v. 5 pp. 79-83

10 Charles Lyon Chandler. *Inter-American Acquaintances.* Sewanee, TN: The University Press 1917. p. 99

11 William Ray Manning. *Diplomatic Correspondence....* part 1 doc. 74 p. 77

oficiales y a la tripulación requerida con la ayuda del señor Aaron H. Palmer[13], un notario a quien encontró a mano en el puerto de Nueva York. Palmer tenía una vasta experiencia en la redacción de los documentos legales usuales necesarios para la contratación de oficiales y la tripulación para así poder completar la dotación las dos nuevas fragatas.

Los dos barcos fueron oficialmente inscritos en el Registro (de navíos) de Nueva York el 30 y 31 de julio de 1818, con las designaciones número 203 y 204 respectivamente, bajo los nombres de "Curiazo" y "Horatio". Ambos navíos se registraron como propiedad personal de los capitanes seleccionados por Aguirre, Paul Délano ("Curiazo") y John (Joseph) Skinner ("Horatio"), empleando una estrategia necesaria en aquellos tiempos, para evitar la confiscación por parte del gobierno de los Estados Unidos, que no tenía deseo alguno de aparecer como cómplice en cualquier acto ilegal que atentase contra las Leyes de Neutralidad que prevalecían a la sazón en los Estados Unidos.

Según los documentos de la oficina de registro del puerto de Nueva York, el "Curiazo", de 851.84 toneladas, fue construido por Cheeseman, y descrito como un navío de popa cuadrada y de dos cubiertas. Medía unos 130 pies escasos de eslora y 37.3 pies de manga. El buque recién construido lucía con orgullo un mascaron en la proa debajo del bauprés, representando el busto de un marino[14]. Otra descripción de esta misma nave es dada por Juan H. Morrison en su libro, afirmando que Cheeseman construyó el "Curiazo" de 851 toneladas en 1817 para Paul Délano, de Nueva York. " La nave tenía dos cubiertas y tres mástiles, midiendo 138,1 pies de eslora por 37,9 pies de manga y calaba 18,10 pies."[15]

En medio de todos estos planes y confabulaciones por parte de los patriotas, Don Luis de Onis y González (1762-1827), Enviado Especial para los Estados Unidos y Ministro de Su Majestad Católica, el Rey de España, Fernando VII, comenzó con los procedimientos legales para impedir el zarpe de los dos barcos suspicazmente comisionados, que permanecían anclados en el Río Hudson (Río del Norte) en el puerto de Nueva York. El Monarca español confió en Onís, un sagaz y experimentado negociador, para ultimar

serait d'environ 80.000 dollars pour chacune.[12]

Un an plus tard, en juillet 1818, les deux frégates furent mises à la mer et remorquées de Corlears Hook sur le East River jusqu'au North River (Hudson River) où elles demeurèrent amarrées le temps de compléter leur équipement. A ce moment là, Aguirre commença à embaucher fiévreusement les officers et l'équipage avec l'aide de Mr. Aaron H. Palmer[13] un notaire qu'il avait rencontré dans le port de New York. Palmer avait una expérience suffisante dans la rédaction des documents légaux nécessaires pour l'embauche d'officiers et équipage destinés aux deux frégates neuves.

Les deux bateaux furent officiellement enregistrés dans le Registre de New York (de bateaux) le 30 et 31 juillet 1818, sous les numéros 203 et 204 respectivement, avec les noms de "Curiazo" et "Horatio". Les deux bateaux furent officiellement inscrits comme propriété privée des capitaines sélectionnés, Paul Délano ("Curiazo") et John [Joseph] Skinner ("Horatio"), stratégie nécessaire utilisée en ce temps-là pour éviter leur confiscation de la part du gouvernement des Etats-Unis, qui ne désirait pas apparaître comme complice d'illégalités d'après les Lois de Neutralité, qui dominaient les Etats-Unis.

Selon les documents du bureau de registre du port de New York, le "Curiazo" de 851.84 tonnes avait été construit par Cheesemen, et décrit comme un bateau de poupe carrée avec deux ponts. Il mesurait tout juste 130 pieds de long et 37.3 pieds de bau. Le bateau récemment construit montrait avec orgueil une figure de proue représentant le buste d'un marin sous son beaupré.14 Une autre description de ce même bateau est faite par John H. Morrison dans son livre, spécifiant que Cheeseman avait construit le bateau "Curiazo" de 851 tonnes en 1817 pour Paul Délano, de New York. "Le bateau avait deux ponts et trois mâts et mesurait 138.1 par 37.9 par 18.10."[15]

two vessels, of twenty eight guns each, for the use of the government of Buenos Ayres; that their tonnage would be seven hundred tons each, for which he would pay forty dollars a ton, for the hulls; that they would be launched about the 30th December 1817. That they would cost when armed, about eighty thousand dollars each. [12]

A year later, in July of 1818, both frigates were launched and towed from Corlears Hook on the East River to their temporary moorings in the North River (Hudson River) for outfitting. Now Aguirre began feverishly hiring the officers and crew with the help of Mr. Aaron H. Palmer,[13] a notary, whom he found readily available in the port of New York. Palmer was experienced in drawing up the usual legal documents necessary for the hiring of the officers and crew to man the two new frigates.

The two ships were officially annotated in the New York Registry (of vessels) on July 30 and 31, 1818, with the number designations of 203 and 204 respectively, under the names of "Curiazo" and "Horatio." Both ships were registered as personal property of the selected captains, Paul Delano ("Curiazo") and John [Joseph] Skinner ("Horatio"), a necessary strategy employed in those times to avoid confiscation by the United States government, which did not wish to appear complicitous in any illegalities regarding the Laws of Neutrality that prevailed in the United States at the time.

According to the New York port registry documents, the 851.84 ton "Curiazo" was built by Cheeseman, and described as having a square stern and two decks. It measured a scant 130 feet in length and 37.3 feet of beam. The newly constructed vessel proudly sported a figurehead depicting a bust of a seaman under her bowsprit.[14] Another description of this ship is made by John H. Morrison in his book, stating that Cheeseman built the "Curiazo" of 851 tons in 1817 for Paul Delano, of New

12 State Papers 1818. 15th Cong. 2 sess. Washington: Krafft 1818 v. 18 section [48] p. 71. Sworn deposition before George Wilson, New York Notary Public. July 26, 1818

13 *Archivo de Don Bernardo O'Higgins*. ed. Eugenio Pereira Salas et al. Santiago: Imprenta Universitaria 1949 v. 5 p. 86

14 Carl Cutler comp. Card Catalog. *New York Ship Registry*. G.W. Blunt White Library. Mystic Seaport, Mystic, Connecticut

los detalles de la muy importante adquisición de la Florida española por parte de los Estados Unidos. Por consiguiente, al negociar, Onís utilizó para su propia ventaja el profundo interés del Gobierno Americano en evitar cualquier posible malentendido con el otrora todopoderoso reino de España, que pudiese de alguna manera comprometer la anexión de un territorio tan crucial.

El español, sustentado por cuarenta declaraciones de los nada afectos solicitantes de vacantes para las tripulaciones de ambos barcos, indujo al Juez de la Corte Suprema de Nueva York, Henry B. Livingston (1757-1823) para que encarcelara preventivamente a Manuel Aguirre, así como también a los capitanes Délano y Skinner. Todos ellos fueron acusados de violar las leyes de neutralidad de los Estados Unidos.

Las declaraciones presentadas a las autoridades judiciales americanas por el cónsul español, para sustentar este caso en contra de Aguirre y sus capitanes, están repletas de fascinantes detalles que vierten luz histórica sobre los sucesos que se estaban produciendo a bordo de las naves patriotas que se encontraban fondeadas en el puerto de Nueva York. En un documento se lee lo siguiente:

Estado de Nueva York, Ciudad de Nueva York:

Samuel Samuels, de profesión marinero, en estos momentos en la ciudad de Nueva York, estando debidamente bajo juramento, declara: Que alrededor del 11 o 12 de julio del presente año (1818), el declarante se encontraba en casa de Dominick Morris, donde estaban contratando a la tripulación del "Curiazo"; allí conoció al Sr. Brown, quien era la persona encargada en tierra de contratar y embarcar a la tripulación. Este caballero preguntó al declarante si no deseaba embarcarse a bordo del "Curiazo", y en esto le pidió que subiera por la escalera y que le daría información al declarante de todo lo concerniente al objetivo del navío. Ellos subieron las escaleras y el Sr. Brown les dijo entonces que el destino del "Curiazo" era doblar el Cabo de Hornos o dirigirse a Buenos Aires en el servicio patriótico; que se uniría al otro barco que permanecía en North River (Río del Norte), cuyo nombre era el "Horatio", y que ambos estarían ausentes durante aproximadamente dos

York. "The ship had two decks and three masts, measuring 138.1 by 37.9 by 18.10." [15]

In the midst of all this planning and scheming by the Chilean patriots, Don Luis de Onis y Gonzales (1762-1827), the Special Envoy and Minister of his Catholic Majesty, the King of Spain, Ferdinand VII (1784-1833), to the United States began the legal procedures to stop the sailing of the two suspiciously commissioned ships laying at anchor on the North River (Hudson River) in the port of New York. The Spanish sovereign entrusted Onis, a shrewd experienced negotiator, to finalize the details of the all-important Spanish Florida purchase by the United States. Therefore, in negotiating, Onis used to his advantage the intense interest of the American Government to avoid any possible misunderstanding with the once very powerful kingdom of Spain which might in any way compromise the annexation of such a crucial territory. The Spanish, supported by forty declarations from disaffected applicants of both ships' crews, induced New York Supreme Court Judge Henry B. Livingston (1757-1823) to jail Manuel Aguirre as well as Captains Delano and Skinner. They all were accused of breaking the laws of neutrality of the United States.

The depositions presented to the American authorities by the Spanish Consul to make their case against Aguirre and his Captains are full of fascinating details that shed historic light on the state of the on-going affairs on board the foreign patriot ships lying in New York harbor. One document reads as follows:

> State of New York, City of New York:
>
> Samuel Samuels, by profession a mariner, at present in the city of New York, being duly sworn, says: that, about the 11th or 12th of July instant [1818], deponent was at Dominick Morris's house, where they

His Majesty, Ferdinand VII, King of Spain

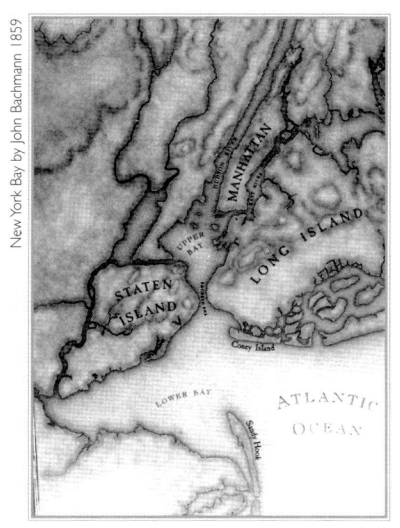

New York Bay by John Bachmann 1859

15 John H. Morrison. *History of New York Ship Yards.* New York: WM. F. Sametz Press 1909 p. 48

años. El declarante firmó el contrato en la oficina del Sr. Palmer; no leyó el contenido de las cláusulas a la hora de estampar su firma. El salario era de 14 dólares mensuales y dos meses por adelantado, cuya suma es pagada de igual manera a toda la tripulación: 14 dólares en el momento de la firma, y 14 dólares después de subir a bordo. El martes 21 de julio del año en curso (1818), subió a bordo y encontró a 60 miembros de la tripulación . . . , algunos de ellos estaban ocupados en la fabricación de tapones para los cañones; el armamento no se encontraba aún a bordo, pero ellos los estaban esperando en cualquier momento, y la tripulación estaba familiarizada con las posiciones que ellos debían ocupar con respecto a la artillería; la tripulación ha sido ejercitada, lo que ha sido mencionado con anterioridad, siendo exactamente la misma rutina que se acostumbraba en el servicio de los Estados Unidos, a bordo de sus buques de guerra, . . . y, desde todos los puntos de vista, la disciplina y el deber conservados eran los mismos a los practicados en el servicio en la fuerza naval. El navío ("Curiazo") fue construido desde todos los puntos de vista como un buque de guerra. El agua dulce es estibada exactamente de la misma forma que es hecha a bordo de un buque de guerra, es decir, de una forma diferente a lo que es usual en la marina mercante. El declarante dice no tener mas que decir.

Samuel Samuels. Su marca (x).

Suscrito y jurado ante mi presencia, el día 23 de julio de 1818, James Hopson, Secretario de Justicia.[16]

Obviamente, Samuels no sabía escribir, por lo tanto no pudo firmar con su nombre y, por ende se presume que no sabía leer, así que le fue imposible entender las cláusulas del contrato, a la hora de firmar. Sin embargo, la declaración de Samuel describe en detalle el proceso de contratación de la tripulación del "Curiazo" en el puerto de Nueva York. Otra declaración arroja más luz sobre el estado del armamento disponible a bordo del barco, que evidentemente había sido equipado como buque de guerra.

Estado de Nueva York, Ciudad de Nueva York:

George W. Lynch, de la ciudad de Nueva York, comer-

were shipping hands for the "Curiazo"; he met there a Mr. Brown, who was the man who attended on shore to the enlisting and shipping of the crew; this gentleman asked deponent whether he did not wish to ship on board of the "Curiazo", and upon this requested him to walk up stairs, and he would inform deponent all about the object of the vessel; they went up stairs, and Mr. Brown then said that the "Curiazo" was destined to go around Cape Horn, or would go to Buenos Ayres in the patriot service; that she would join the other ship, which was lying in North river, named the "Horatio", and they would be absent about two years; deponent signed articles, at the office of Mr. Palmer; he did not read the articles at the time of signing; the wages were fourteen dollars a month, and two months' in advance, which sum is paid in like manner to all the crew, fourteen dollars at the time of signing the articles, and fourteen dollars after getting on board; he went on board on Tuesday, the 21st of July [1818] instant, and found sixty hands on board . . . some of the hands were employed in making wads for the cannon; the guns were not yet come aboard, but they were expected daily, and the hands conversed about the stations which they would hold at the guns; the exercising of the crews, which he has before mentioned, was the same as is customary in the service of the United States on board their vessels of war; . . . and, in every respect, the discipline and duty kept up was the same as is practised (sic) in the navy service. The vessel ("Curiazo") is built in every respect as a vessel of war; the water below is secured exactly in the manner that it is done on board of a man-of-war, which is different from what is usual in the merchant service. Deponent further saith (sic) not.

Samuel Samuels, his x mark.

Subscribed and sworn before me, this 23rd day of July 1818,

James Hopson, S. Justice.[16]

Obviously, Samuels did not know how to write, since he could not sign his name, and further presuming that he did not know how to read, it was not possible for him to have an understand-

16 William Ray Manning. *Diplomatic correspondence* . . . . v. 3 pp. 1971,1972

ciante, encontrándose bajo juramento dijo: Que el 23 de julio del presente año (1818), embarcó en el "Curiazo" que permanecía en North River (Río del Norte), en este puerto, en compañía del Sr. Atkinson, quien decía ser el sobrecargo de dicho navío; el declarante contó 30 cañones que reposaban en cubierta, y un número de nuevas cureñas que estaban colocadas una sobre otras, y que parecían ser igualmente numerosas. Fue presentado a diversos oficiales a los que se les dijo que había un capitán, cuatro tenientes de navío y un número de guardiamarinas. Dijo que el capitán se llamaba Délano, que el primer teniente de navío tenía por nombre Van Beuren, el segundo, Grinnelow; el tercero, Smith, y el cuarto, Cobbet. El contador del navío le contó que el buque, conjuntamente con el "Horacio", otro barco que se encontraba cerca, iba rumbo a Buenos Aires; parecía haber un gran número de hombres a bordo; dicho contador le dijo también que era su intención contratar a cien hombres; que se había pagado a la tripulación dos meses por adelantado y que además, para inducirlos a que embarcaran, tenían la perspectiva de obtener dinero como premio.[17]

Lynch, el comerciante de Nueva York, continuó con su declaración, jurada el 25 de julio de 1818, anterior a la de Charles Christian, describiendo con lujo de detalles la condición general de preparación de los dos buques patriotas que permanecían fondeados. Finaliza su alusión al "Curiazo", describiéndolo como un navío recientemente construido, cuya botadura había sido también reciente y que iba a realizar su viaje inaugural, y que estaba acondicionado para recibir una gran cantidad de cañones, y construido, "desde todos los puntos de vista como una fragata".

George W. Morton, Comisionado en la corte de distrito de los Estados Unidos para el S.D.N.Y., el 25 de julio de 1818, toma una declaración jurada de parte de James Young, un marinero que se encontraba en la ciudad de Nueva York. Un extracto de la declaración de Young confirma una vez más, la anterior descripción de los buques y su tripulación.

El declarante subió a bordo de dicho barco, el "Curiazo", que es comandado por el Capitán Délano. Este navío está acondicionado para 32 cañones, aunque pue-

ing of the articles at the time of signing. Nevertheless, Samuel's deposition described in detail the process of hiring the crew for the "Curiazo" in the port of New York. Another deposition shed more light upon the state of the armament on board the ship, which evidently had been armed as a man-of-war.

> State of New York, City of New York:
>
> George W. Lynch, of the city of New York, merchant, being duly sworn, says: That on the 23rd day of July instant [1818], he went on board the ship "Curiazo", lying in the North river, in this port, in company with Mr. Atkinson, who said he was the purser of the said vessel; deponent counted thirty cannon lying on deck, and a number of new gun-carriages which were lying upon another, and appeared to be equally numerous; he was presented to the several officers, was told by them that there were a captain, four lieutenants, and a number of midshipmen; that the captain was named Delano, the first lieutenant is named Van Beuren, the second Grinnelow, the third Smith, and the fourth Cobbet; he was told by the purser that the vessel, together with the "Horatio", another ship lying near, was bound to Buenos Ayres; there appeared to be a great number of men on board; he was told by said purser that it was their intention to take one hundred men; that the crew were paid two months' advance, and that, as further inducement to them to ship, they had prospect of prize money.[17]

Lynch, the New York merchant, continued with his deposition, sworn on July 25, 1818, before Charles Christian, describing in great detail, the general condition of preparedness of the two patriot vessels lying at anchor. He ends his reference to the "Curiazo" picturing it as a vessel newly built, which had been launched recently, and that it was to be for her a maiden voyage, and being pierced for many guns, and built "in every respect like a frigate".

George W. Morton, Commissioner in the Circuit Court of the

17 Ibid. v 3 p. 1972

den que sean más, ya que el declarante no había contado el número de aperturas. Desde que el declarante ha estado a bordo, han embarcado una cantidad extra de mástiles y aparejos, y una cantidad de cordelería muy superior a los utilizados en el servicio mercante. Posee el barco una lancha, una yola y otros tipos de botes que unidos alcanzan la cifra de seis o siete en total.[18]

La más pintoresca y reveladora declaración de todas fue también jurada ante Morton en la misma fecha; es decir, el 25 de julio de 1818. Proviene de David Rees, compañero de a bordo de James Young.

Estado de Nueva York, Ciudad de Nueva York:

David Rees, habiendo sido debidamente juramentado, declara: que ha escuchado, leído y examinado la declaración precedente de James Young; que todos los hechos allí declarados, concernientes a la condición y armamento del nombrado "Curiazo" son correctos y ciertos desde todos los puntos de vista; que ese declarante es en la actualidad tripulante a bordo del mencionado buque "Curiazo", en calidad de subalterno del contramaestre; que él fue embarcado por el Sr. Brown, oficial de embarque del navío; declara que él firmó el contrato en los aposentos del Sr. Palmer; que ha estado a bordo del "Curiazo" desde el 11 de julio del presente año.

El 22 y 23 de julio, los grandes cañones fueron llevados a bordo, la pasada tarde y hasta las últimas horas de la noche, estos cañones fueron desembarcados de a bordo de nuevo, así como también las municiones, y fueron cargados a bordo de un barco (ello fue mencionado y entendido de forma general a bordo) con destino a Sandy Hook, para ser reembarcado de nuevo allí. El Capitán Délano está al mando del "Curiazo"; que hacía pocos días que el declarante había informado al susodicho Capitan que no podía esperar por mas tiempo el zarpe y que no iría con el buque; Délano le instó a que permaneciera y dijo que tan solo estaba a la espera de sus "golosinas", (refiriéndose a sus cañones) y que tan pronto como estuviesen a bordo, mostrarían a los españoles de que juego se trataba; que en ese momento zarparían de inmediato hacia Buenos Aires y que toda la tripulación embarcaría como simples marine-

United States for the S.D.N.Y, on July 25, 1818, took a sworn deposition from James Young, a mariner, present in the city of New York. An excerpt of Young's deposition reinforced one more time the previous description of the vessels and their crew

> Deponent went on board the said vessel, the "Curiazo", which is commanded by Captain Paul Delano. This vessel is pierced for thirty-two guns, although there may be more, as deponent has never counted the number of ports. Since deponent has been on board, they have taken in a great quantity of extra spars and rigging, and a quantity of cordage, much more than is used in the merchant service. She has a long-boat, yawl, and sundry other boats, six or seven in number altogether.[18]

The most picturesque and revealing deposition of all was also sworn before Morton on the same date, July 25, 1818. It came from David Rees, a shipmate of James Young.

State of New York, City of New York:

> David Rees, being duly sworn, says: that he has heard, read, and examined the preceding deposition of James Young; that all the facts therein stated, relating to the condition and armament of the said "Curiazo", are correct and true in every respect; that deponent is employed at present on board the said ship "Curiazo" in the capacity of boatswain's yeoman; he was shipped by Mr. Brown, the shipping officer of the vessel; he signed the articles at Mr. Palmer's; has been on board the "Curiazo" since the 11th of July instant. On the 22d and 23d of July, the great guns were taken on board; last evening, and until a late hour of night, these cannon were taken from on board again, as also the shot, and were put on board of a sloop which, it was mentioned, and generally understood on board, was going to Sandy Hook, to be put on board again there. Captain Paul Delano commands the "Curiazo"; that a few days ago deponent told said captain that he could not wait no longer, and would not go with the vessel; Delano urged him to remain, said he was only waiting for his sweetmeats, (meaning his cannon,) and

18 Ibid. v 3 p. 1975

ros, porque no se atrevieron a hacerlo de otra forma; que tan pronto como los navíos salieran a alta mar, solo entonces se le asignarían a los tripulantes sus respectivos y diferentes puestos de combate. Este buque es realmente una fragata de guerra donde el deber es cumplido a bordo de la misma forma que en el servicio para el Estado, y utiliza 42 tipos de señales diferentes muchas de las cuales han sido observadas por el declarante.[19]

El periódico local, The New York Evening Post del martes 28 de julio de 1818, bajo el titular de *Armamento Ilegal*, comenta sobre el polémico caso:

> Bajo el decreto que mereció la aprobación de la última sesión del Congreso, pero que no tenemos ante nosotros, contra el equipamiento de armamento militar en nuestros puertos con intenciones claramente hostiles contra naciones con las que Estados Unidos mantiene relaciones de paz, fue autorizado un mandato judicial el sábado pasado para arrestar a los dos capitanes [Skinner y Délano] de las corbetas armadas que se encontraban entonces en el Río del Norte [Hudson River], listas para zarpar: el proceso también incluía al agente de los patriotas españoles [Aguirre] quien se encontraba en la ciudad, y quien también fue arrestado. Las corbetas fueron construidas recientemente en Corlears Hook [en el Río del Este], siendo navíos extraordinarios e imponentes en su clase; se dice que sus tripulaciones suman la cantidad de cien hombres cada una. El propósito es hacerlos comparecer ante el Juez Livingston [Henry Brockholst] en audiencia para este mismo día a las dos de la tarde.

El Capitán Paul Délano había sido contratado por Aguirre, el 22 de julio de 1818 y ya se encontraba seriamente involucrado en el muy controversial tema de la neutralidad, un hecho que plagaría negativamente las relaciones de los Estados Unidos con la América Española durante los años venideros. El mismo periódico, el miércoles 29 de julio de 1818 publica en su editorial bajo el titular, *Informe de la Ley*:

> El sábado pasado, el Juez Livingston dictó órdenes de detención contra el Capitán Skinner, Don Manuel H. Aguirre y el Sr. Délano, porque "a sabiendas tomaron parte en el equipamiento, acondicionamiento y aprovisio-

homme. Ce navire est nettement une frégate, le travail est fait à bord de la même façon que dans le service d'Etat, et elle a quarante deux postes de timonerie, plusieurs desquels le même déposant a vu.[19]

Le New York Evening Post du mardi 28 juillet 1818 sous le titre de *Armement Illégal* commente le controversable cas:

> Au sujet du cas qui passa à la dernière séance du Congrès, mais que n'avons pas devant nous, contre l'armement dans nos ports à fins hostiles envers qui les Etst-Unis est en paix, un mandat d'arrêt a été autorisé samedi contre les deux capitaines [Skinner et Délano] des frégates armées (sic) qui sont en cale dans la North River [Hudson River], prêtes à prendre voile; l'action comprend aussi l'agent des patriotes espagnols [Aguirre] qui se trouvait dans la ville et qui fut aussi arrêté. Les corvettes (sic) furent contruites récemment à Corlear's Hook [sur la East River] et sont des vaisseaux remarquablement fins; on dit que l'équipage est de cent hommes par bateau. La cause passera au Juge Livingston [Henry Brockholst] en audience ce jour même à 2 heures.

Le Capitaine Délano qui venait tout juste d'être embauché par Aguirre ce même mois de juillet 1818, fut aussitôt mêlé dans cette hautement controversable question de neutralité, matière qui fera ombrage aux relations incommodes entre les Etats-Unis et l'Amérique du Sud dans les années à venir. Le même journal, le mercredi 29 juillet 1818, sous le titre de "*Law Report*", dit dans son éditorial:

> Samedi dernier, le juge Livingston livra un mandat d'arrêt contre le capitaine Skinner, Don Manuel H. Aguirre, et Mr. Délano pour "être impliqués sciemment dans la fourniture et armement, dans le port de New York, de deux bâteaux, nommés "Curiazo" et "Horatio", avec l'intention de les utiliser au service de quelque Grand ou Nation étrangère, pour effectuer des croisières ou accomplir des hostilités contre des sujets d'un autre pays ou nation, avec qui les Etats-Unis sont en paix".

> that, as soon as they were on board, they would show the Spaniards play; that at present they cleared out for Buenos Ayres, and all hands shipped as seamen, because they did not dare to do otherwise; but that as soon as the vessels got out to sea, then the several stations would be assigned to the men, respectively. This vessel is completely a frigate, duty is done on board the same as in the State service, and she has forty-two different signals, many of which deponent has seen.[19]

The New York Evening Post on Tuesday, July 28, 1818 under the heading of *Illegal Armament* commented on the controversial case:

> Under the act which passed the last session of Congress, but which we have not before us, against fitting out military armaments in our ports with hostile intentions against nations with whom the United States are at peace, a warrant was granted on Saturday last to arrest the two captains [Skinner and Delano] of armed corvetts (sic), which were then lying in the north river [Hudson River], ready to sail: the process also included the agent for Spanish patriots [Aguirre] who was in town, and who also was taken. The corvetts (sic) were recently built at Corlear's Hook [on the East River], and are remarkable fine vessels of their class; their crews are said to amount to 100 men each. The cause is to come before Judge Livingston [Henry Brockholst] for a hearing this day at 2 o'clock.

Captain Paul Delano had only recently been hired by Aguirre on July 22, 1818, and became immediately deeply involved in the highly controversial issue of neutrality, a matter that would plague the discomforting relationship of the United States with Spanish America for years to come. The same newspaper, on Wednesday July 29, 1818 editorialized under the heading, *Law report*:

> On Saturday last, judge Livingston issued warrants against captain Skinner, Don Manuel H. Aguirre, and Mr. Delano, for "knowingly being concerned in the furnishing, fitting out or arming, in the port

---

19 Ibid. v 3 p. 1976

namiento de armas, en el puerto de Nueva York, de dos buques llamados "Curiazo" y "Horatio" con el propósito de emplearlos en el servicio de algún príncipe o persona, o declarar hostilidades contra los intereses de algún otro príncipe extranjero o estado, con el cual los Estados Unidos mantiene relaciones de paz.

Estas órdenes de arresto fueron dictadas conforme al tercer artículo del decreto aprobado en la última sesión del Congreso, "para el castigo de ciertos crímenes contra los Estados Unidos", ...

Otro periódico local, el New York Evening Post procedió a citar en su totalidad el último decreto, el artículo 3, que ellos habían obtenido para esta fecha y que tenían ante ellos. El editorial continuaba narrando los hechos que habían tenido lugar el sábado 25 de julio de 1818:

Los acusados fueron todos arrestados y llevados ante el Juez Livingston ayer por la tarde, cuando el Sr. Emmet, el Sr. Wells y el Sr. James [Thomas] Stoughton [el Cónsul español] se presentaron a favor de la acusación, y los señores J.O. Hoffman, David B. Ogden y Burr[20], y el Sr. Palmer[21] en apoyo de los demandados.

Los abogados representando a los acusados tomaron medidas a fin de que pusieran en libertad a sus clientes conjuntamente, o en el caso de atenerse a una fianza, insistieron en que se les debería, bajo todas las circunstancias del caso, otorgar el derecho de comparecer en la próxima sesión de la Corte de Distrito bajo una módica fianza. Esta proposición fue hecha tomando en cuenta solo tres argumentos ...

Los demandados, obviamente bien representados, reclamaron la necesaria y directa intervención del Presidente de los Estados Unidos o la del Fiscal del Distrito, en vista que en este caso particular, el que estaba implicado, era un representante oficial [Aguirre] de las Provincias Unidas de Suramérica, un ministro del Gobierno de Buenos Aires.

Sorprendentemente, a pesar de las muchas declaraciones incriminatorias en contra de los acusados, el tercer y último punto de la defensa estaban basados en lo siguiente:

Ces mandats furent émis en accord avec la troisième section de l'acte passé à la dernière séance du Congrès, "pour peine de certains crimes contre les Etats-Unis", avec les mots suivants....

Le New York Evening Post procéda à citer le dernier acte du Congès., section troisième, qu'ils avaient obtenu et qu'ils avaient dans leurs mains. L'éditorial continua à narrer les évènements qui eurent lieu le samedi 25 juillet 1818:

Les intéressés furent tous arrêtés et menés par devant le Juge Livingston hier après-midi, quand se présentèrent Mr. Emmet, Mr. Wells et Mr. James Stoughton (le Consul espagnol) en appui à l'accusation et Mr. J.O. Hoffman, Mr. David B. Ogden, Mr. Burr[20] et Mr. Palmer[21], pour les accusés.

Le conseil des accusés déclara que leurs clients devaient tous être acquittés, ou mis en liberté sous caution, et ils ont insisté qu'ils devraient, vues les circonstances du cas, être autorisés à comparaître par devant la prochaine séance de la Cour de Circuit. Cette motion se fit sur trois considérants....

Les accusés, manifestement bien représentés, eurent recours à invoquer l'intervention directe du Président du Gouvernement des Etats-Unis ou du Procureur du District, dans ce cas particulier, qui implique un représentant officiel [Aguirre] des Provinces Unies d'Amérique du Sud, ministre du Gouvernement de Buenos Ayres, dans les deux premiers points.

Etonnamment, après la presentation de plusieurs pièces à conviction de la partie demandante, le troisième et dernier point de la défense resta comme suit:

3. Pour constituer une offense contre la troisième section de cet Acte [du Congrès], les vaisseaux non seulement doivent avoir été armés dans l'intention d'être utilisés, mais aussi être actuellement armés dans ce but; et plusieurs dépositions furent présentées, prouvant que les bateaux n'avaient jamais

of New-York, two ships called the *Curiazo* and *Horatio*, with the intent that they should be employed in the service of some foreign prince or people, to cruise or commit hostilities against the subjects of some other foreign prince or state, with whom the United States is at peace."

The New York Evening Post proceeded to quote in full the last Act of Congress, section three, they had acquired by this date and now had before them. The editorial continued narrating the events transpired on Saturday, July 25, 1818:

> The parties were all arrested and taken before judge Livingston yesterday afternoon, when Mr. Emmet, Mr. Wells, and Mr. James [Thomas] Stoughton [the Spanish Consul], appeared in support of the prosecution, and Mr. J. O. Hoffman, Mr. David B. Ogden, Mr. Burr[20], and Mr. Palmer[21], for the defendants.
>
> The council for the defendants moved to have their clients discharged altogether, or if held to bail, they insisted that they should, under all the circumstances of the case, be recognized to appear at the next term of the Circuit Court, in a very small sum. This motion was made on three grounds . . ..

Aaron Burr

The defendants, certainly well represented, resorted to invoke the needed direct intervention of the President of the United States Government or the District Attorney, in this particular case, involving an official representative [Aguirre] of the United Provinces of South America, a minister from the Government of Buenos Ayres, in the first two points.

Surprisingly, after many incriminating depositions to the contrary, the third and last point of the defense, rested as follows:

> 3. That to constitute an offence against the third section of this act [of Congress], the vessels must not only have been fitted out with the intent to be thus employed, but actually armed for that purpose; and many depositions were produced, proving that neither of the vessels were

20 Presumably the notorious Aaron Burr (1756-1836), who had reestablished his law practice in New York since 1812.

21 Aaron H. Palmer, New York State Notary in charge of recruiting the officers and crew.

3. Que para constituir un delito en contra de el tercer artículo de este decreto [del Congreso], los navíos no solo tenían que ser equipados con el único propósito de ser empleados para la guerra, sino armados de hecho, para tal propósito; y las declaraciones presentadas no probaron que ninguno de los buques fue o había sido equipado con armas alguna vez.

El Juez Livingston, tras escuchar todos los alegatos de los respectivos abogados, dictaminó,

primero, que no eran necesarias instrucciones algunas provenientes de parte del Presidente o de cualquier otro oficial del gobierno para justificar la promulgación de una orden de arresto por la violación de ésta o cualquier otra ley, ni tenía el Presidente derecho alguno para interferir en los procedimientos que se habían iniciado en este caso, ni darle cualquier instrucción sobre el tema. Ni era necesario que la aplicación de un mandato judicial tuviese que ser realizado por el Fiscal del Distrito; ya que cualquier individuo podría denunciar una infracción de una ley, y él lo consideraba su deber decretar una orden de arresto, siempre que la denuncia le fuese hecha bajo juramento de que se había cometido un crimen, si tal mandato judicial fuese solicitado, por el Fiscal del Distrito o por cualquier otra persona.

Segundo, en lo que se refiere a cualquier privilegio que el cargo del Sr. Aguirre le confiere, el juez era de la opinión de que este caballero no había sido reconocido por el gobierno de los Estados Unidos y estaba expuesto a ser procesado por cualquier delito que pudiese cometer contra nuestras leyes, de la misma forma que cualquier otro individuo.

En cuanto al tercer punto, el juez pensaba que ningún delito podía ser cometido contra el tercer artículo de este decreto ley, a menos que el buque fuese armado así como equipado con la intención de ser empleado para la guerra. Que no aparece por ninguna parte del decreto del congreso la intención de prohibir a los ciudadanos de los Estados Unidos el que construyan navíos y posteriormente venderlos a cualquiera de los beligerantes, con tal de que no fuesen equipados con armas. En un caso particular, era clara-

Le Juge Livingston, après avoir entendu tous les argumenta présentés par la défense, décida:

1er., qu'il n'était pas nécessaire de recevoir d'instructions de la part du président ou de n'importe quel officier du gouvernement, pour justifier la résolution du mandat de violation de la présente ou toute autre loi; que le président n'a aucun droit pour s'immiscer dans les débats relatifs à ce cas, lui donnant instructions à ce sujet. Qu'il n'était pas non plus nécessaire d'appliquer un mandat du Procureur du District, vu que n'importe quel individu peut formuler une plainte sur l'infraction d'une loi, et qu'il considère son devoir d'otorguer un mandat si la dénonce se fait par devant lui sous serment qu'un crime a été commis, même si ce mandat applique au Procureur du District ou toute autre personne.

2ème., au sujet de certains privilèges attribués à la commission de Mr. Aguirre; l'opinion du juge est que ce monsieur n'étant pas accrédité auprès du président et que l'indépendance de Buenos Ayres n'a pas été reconnue par le Gouvernement des Etats-Unis, il était passible d'être poursuivi pour quelque offense qu'il eut commis contre nos lois, de la même façon que n'importe quel autre individu.

Sur le 3ème. point, le juge croit qu'il n'existe pas d'offense commise contre la troisième section de cet acte, à moins que le bateau fut armé ainsi qu'agencé dans l'intention d'être utilisé. Il n'apparait à aucun moment dans l'acte du Congrès la prohibition de construire des bateaux et de les vendre même à des belligérants, s'ils ne sont pas armés. Dans le cas de l'auteur de ce crime, il serait absolument nécessaire suivant les termes de la loi, de le déclarer coupable, si le bateau était équippé et armé. Ceux, cependant, qui sciemment impliqués dans l'installation, aménagement ou armement de tel bateau devraient aussi être considérés innocents, jusqu'au moment où l'armement soit complet, ou cette absurdité pourrait résulter qu'un homme possède un bâteau construit et agencé dans ce but, sans être coupable d'offense, alors que toute la peine de la loi retomberait sur une personne qui aurait fourni un seul assortissement de voiles ou d'encablure. En ce qui concerne l'évidence d'armement, les dépositions suivant lesquelles le mandat fut émis, non

or ever had been armed.

Judge Livingston after hearing all the arguments by respective counsel decided,

> 1st, that no instructions were necessary on the part of the president, or any other officer of the government, to justify the issuing of a warrant for the violation of this or any law; nor had the president any right to interfere with the proceedings which had been commenced in this case, by giving any instructions to him on the subject. Nor it was it necessary that the application of a warrant should be made by the district-attorney; as any individual might complain of the infraction of a law, and he considered it his duty to award a warrant whenever complaint was made to him on oath of a crime been committed, whether such warrant were applied for by the district-attorney or any other person.
>
> 2nd, as to any privilege Mr. Aguirre's commission conferred on him; the judge was of opinion, that this gentleman, not been accredited by the president, and the independence of Buenos Ayres not been acknowledged, by the government of the United States, he was liable to be proceeded against for any offence which he might commit against our laws, in the same way as any other individual.
>
> On the 3rd point, the judge thought no offence could be committed against the third section of this act, unless the vessel was armed as well as fitted out with the intent to be employed & c. That it does not appear by any part of the act of congress intended to prohibit the citizens of the United States from building vessels and selling them to either of the belligerents, so long as they were not armed. In the case of a principal, it was clearly necessary by the terms of the law, to render him criminal, that the vessel should be fitted out and armed. Those, therefore, who were knowingly concerned in furnishing, fitting out, or arming of such ship or vessel, must also be considered as innocent, until an actual armament took place, or this absurdity would result, that one man might have a vessel built and fitted out for this purpose without being guilty of any offence, while the whole penalty of the law might be incurred by a per-

mente necesario, según los términos de la ley, para interpretarlo en forma penal, que el buque debía de haber sido específicamente acondicionado y armado para la guerra. Por tanto, aquellos que a sabiendas tuviesen que ver con el acondicionamiento, equipamiento y provisión de armas para tal barco o navío, debe también ser considerado como inocente hasta que se lleve a cabo un verdadero equipamiento de armas o esta situación absurda tendría como resultado el que una persona pudiera haber construido o equipado un buque con este propósito, sin ser culpable de delito alguno, mientras que una persona que tuviese que equiparlo con un solo juego de velas o un cable pudiera incurrir en un acto penal contra la ley. En cuanto a lo que se refería de la evidencia de un armamento, las declaraciones sobre las que los mandatos judiciales se habían promulgado, tampoco fueron completamente correctas o mas bien fueron insuficientes, para probar el hecho; pero aquellos que se encontraban de parte de los acusados establecieron, más allá de lo controversial del asunto, que ninguno de los navíos, aunque sin duda construidos con intenciones belicosas, habían sido equipados con armas en ningun momento.

El Juez Livingston era por lo tanto de la opinión de que ninguna de las partes arrestadas había cometido delito alguno y ordenó que todos fuesen puestos en libertad.[22]

Aguirre viajó en persona a Washington para quejarse amargamente ante el Secretario de Estado, John Quincy Adams (1767-1848), en agosto de 1818. Según las memorias de Adams, Aguirre informó al Secretario "que una vez había sido arrestado en las calles [de Nueva York], y en otra oportunidad lo habían sacado de su cama a medianoche, cuando comenzaron los procesos legales a la instigación del Cónsul español, aunque [según pensaba Aguirre] yo le habría dicho que él se podría considerar como un Ministro público."

Adams le hizo saber a Aguirre que él no podía haber sido considerado Ministro "por dos razones, la primera, porque el Gobierno por el cual él representa, no estaba reconocido; y la otra, porque él [Aguirre] no había presentado sus credenciales o poderes como Ministro público, ya que su

seulement sont peu communicatives mais insuffisantes pour prouver le fait; mais la part des défendants a établi, au delà de toute contreverse, qu'aucun des deux bateaux, en dépit d'avoir été construit dans un but de guerre, n'avait jamais été armé.

Par conséquent, le Juge Livingston était d'avis, qu'aucune des parties avait commis d'offense et ordonna que tous fussent libérés.[22]

Aguirre se rendit à Washington pour se plaindre amèrement et en personne au Secrétaire d'Etat, John Quincy Adams (1767-1848), au mois d'août 1818. Selon les mémoires d'Adams, Aguirre informa le Secrétaire "qu'il fut une fois arrêté dans la rue [de New York] et une fois, arraché de son lit à minuit, alors que commençaient les actions de justice ou les instigations du Consul espagnol, en dépit du fait que [pensait Aguirre] il pouvait être considéré comme un Ministre Public". Adams fit savoir à Aguirre qu'il ne pouvait pas être considéré comme Ministre "pour deux raisons —une, parce que le Gouvernement pour le compte duquel il était venu, n'était pas reconnu; et l'autre, parce qu'il n'avait pas présenté de lettres de créances ou pouvoirs comme Ministre Public; sa nomination ne lui accordait qu'une mission d'agent...". "C'est alors qu'il fit un résumé de sa mission dans ce pays".

Il avait été chargé de construire et d'envoyer au Gouvernement chilien (sic), six frégates de guerre et il était arrivé dans ce pays avec deux cent mille dollars en argent liquide et un pouvoir l'autorisant à emprunter deux millions supplémentaires. Il était également autorisé à engager la parole des deux gouvernements, celui de Buenos Ayres et celui du Chili (sic) pour ce prêt; mais les marchands d'ici demandaient une garantie additionnelle et ils seraient satisfaits avec une caution du Gouvernement des Etats-Unis. Il était aussi autorisé à offrir un bénéfice de cinquante pour cent de la valeur des frégates au marchand qui les enverrait. Dès son arrivée ici, il était venu informer Mr. Rush [qui représentait le Secrétaire d'Etat, mars-septembre 1817] de l'objet de sa mission; et il lui

son who should furnish her with a single suit of sails, or a cable. As it respected the evidence of an armament, the depositions on which the warrants had issued, were not only either altogether silent, or quite insufficient to prove the fact; but those on the part of the defendants established, beyond controversy, that neither of the vessels, although no doubt built for warlike purposes, had ever been armed.

Judge Livingston was therefore of opinion, that neither of the parties arrested had committed any offence, and ordered them all to be discharged.²²

John Quincy Adams

Aguirre traveled to Washington to complain bitterly in person to the Secretary of State, John Quincy Adams (1767-1848), in August 1818. According to Adams' memoirs, Aguirre informed the Secretary "that he had once been arrested in the streets [of New York], and once taken out of his bed at midnight, by processes at law commenced, or instigated, by the Spanish Consul, though [Aguirre thought] I had told him he might consider himself here as a public Minister." Adams let Aguirre know that he could not be considered a Minister "for two reasons— one, because the Government from which he came was not recognized; and the other, because he had produced no credentials, or powers, as a public Minister, his commission styling him only [as an] Agent . . .." "He then went over the history of his mission to this country."

He was charged to build, and dispatch to the Government of Chili (sic), six sloops of war, and came to this country with two hundred thousand dollars in cash and a power to borrow two millions. He was authorized to pledge the faith of both the Governments of Buenos Ayres and Chili (sic) for this loan; but the merchants here demanded other security, and said they would be satisfied with the guarantee of the Government of the United States. He was also authorized to offer a profit of fifty per cent, upon the cost of the vessels to any merchant who would dispatch them. Upon his arrival here, he came and informed Mr.

22 New York Evening Post, Wednesday, July 29, 1818.

nombramiento solo lo acreditaba como un simple Enviado. En ese momento Aguirre recontó [a Adams] la historia de su misión en este país".

> Estaba a cargo de la construcción y envío al gobierno de Chile, de seis corbetas de guerra, y vino a este país con doscientos mil dólares en efectivo, y un poder para pedir prestado dos millones más. Estaba también autorizado para comprometer la palabra de ambos gobiernos, el de Buenos Aires y el de Chile, para este préstamo; pero los comerciantes aquí me solicitaron seguridad adicional manifestando que estarían satisfechos si tenían la garantía del gobierno de los Estados Unidos. También estaba autorizado para ofrecer un beneficio del cincuenta por ciento sobre el costo de las embarcaciones, para cualquier comerciante que quisiera enviarlas. A su llegada aquí, vino e informó al señor Rush [Ministro de Asuntos Exteriores de marzo a septiembre de 1817] del objeto de su misión, y le manifestó [Rush] que legalmente nada le impedía construir y enviar los navíos como una transacción comercial. Habían sido construidos consecuentemente, y estaban listos para navegar con sus tripulaciones completas a bordo, fondeados en Nueva York, a un costo de mil dólares diarios. Pero los Cónsules y Representantes españoles ya habían seducido a alguno de sus oficiales y a una parte de su tripulación. Y fue gracias a las declaraciones juradas de algunos de sus propios oficiales que él y sus capitanes habían sido arrestados por mandato del Juez Livingston. Así mismo, no había tenido más remedio que llevar a cabo una transferencia simulada de sus dos barcos a sus capitanes Délano y Skinner, y registrarlos a sus nombres, y ahora los barcos estaban hipotecados, para poder cubrir la deuda de los capitanes. Por tanto, le es ahora imposible llevar a cabo las instrucciones de su gobierno. Sus fondos estaban totalmente agotados, y su único recurso era vender los navíos tal como estaban. Pero al ser construidos como buques de guerra, su venta con propósitos meramente comerciales no era fácil. Viajó a indagar si el gobierno de los Estados Unidos estaría interesado en adquirirlos.[23]

Para entonces, las dos reciéntemente construidas fragatas, permanecían ancladas tratando de pasar desapercibidas en el puerto de Nueva York, ambas corriendo un serio riesgo

> avait dit que rien dans la loi l'empêchait de construire et d'envoyer les bateaux comme une spéculation commerciale. Les bateaux avaient donc été construits, et étaient prêts pour la mer, avec ses équipages à bord, ancrés à New York à un coût de mille dollars par jour. Mais déjà les Consuls et Représentants espagnols avaient séduits certains de ses officiers et une partie de l'équipage. Et c'était grâce aux déclarations de certains de ses propres officiers que lui et ses Capitaines avaient été arrêtés sur ordre du Juge Livingston. Il avait aussi été obligé de faire un simulacre de cession aux Capitaines Délano et Skinner, qui avaient enregistré les bateaux à leurs noms et maintenant les bateaux étaient confisqués pour couvrir les dettes des Capitaines. Par conséquent, il considérait qu'il lui était impossible de suivre les ordres de son gouvernement. Ses fonds étaient épuisés et sa seule solution était de vendre les bateaux tels qu'ils étaient. Mais comme ils avaient été construits comme frégates de guerre, il n'étaient pas possible de les vendre à des fins commerciaux. Il s'adressa alors au gouvernement des Etats-Unis pour voir s'il serait intéressé à les acheter.[23]

A ce moment-là, les deux frégates, tranquillement ancrées au port de New York, courraient de forts risques d'être confisquées par le gouvernement américain. Adams écrivit à Aguirre le 27 août 1818 une longue lettre explicative au sujet de la Neutralité, mentionnant le fait que "bien que vous ayez construit et équipé et armé pour la mer deux bateaux adaptés pour la guerre, il n'a pas été présentée de preuve que vous les ayez armés et par conséquent vous avez été immédiatement libérés et acquittés par décision du Juge de la Cour Suprême [Livingston], par devant qui le cas avait été présenté".[24]

Seulement après que les armes et l'équipement militaire fussent déchargés subrepticement du "Curiazo" et de "l'Horatio" et secrètement re-chargés sur un autre navire marchand comme cargaison, le Juge Livingston donna l'ordre de suspension des charges accumulées contre les trois hommes. Un journal de New York, le

Rush [Acting Secretary of State, March-September 1817] of the object of his mission; and he told him that nothing in the law prevented the building and sending away the vessels as a commercial speculation. They had been built accordingly, and were ready for sea, with their crews on board, lying at New York at an expense of a thousand dollars a day. But the Spanish Consuls and Agents had seduced away some of his officers and a part of his crew. It was upon the affidavits of some of his own officers that he and his Captains had been arrested by warrants from Judge Livingston. He had also been obliged to make an ostensible transfer of his two ships to his Captains, Delano and Skinner, and have them registered in their names, and now the ships were attached to answer for the debt those Captains. He found it therefore impracticable to execute the orders of his Government. His funds were exhausted, and his only resource now was to sell his vessels just as they are. But they are built for vessels of war, and are not salable for purposes of commerce. He came therefore to enquire if the Government of the United States would purchase them. [23]

At that moment the two newly constructed frigates, quietly anchored in New York port, were running serious risk of being confiscated by the American Government. Adams wrote Aguirre, on August 27, 1818, a long explanatory letter on the matter of Neutrality, mentioning the fact that "although you had built and equipped and fitted for Sea and manned, two Vessels suitable for purposes of War, yet as no proof was adduced that you had armed them, you were immediately liberated and discharged by the decision of the Judge of the Supreme Court [Livingston], before whom the case was brought". [24]

Only after the armament and the military equipment had been surreptitiously unloaded from the "Curiazo" and the "Horatio" and secretly reloaded onto another merchant ship as cargo, did Judge Livingston order the suspension of the charges brought

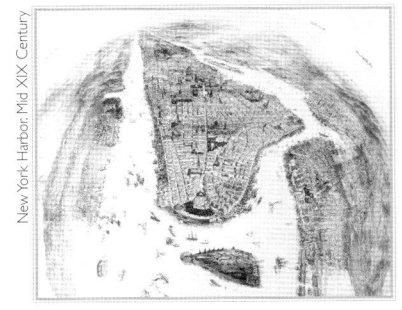

New York Harbor Mid XIX Century

23 John Quincy Adams, *Memoirs of John Quincy Adams*, comprising portions of his diary from 1795 to 1848. Philadelphia: J. B. Lippincott & Co 1847-77 v. 1 pp. 123, 124

24 John Quincy Adams, Secretary of State, to Manuel Hermenegildo Aguirre, Argentine Agent at Washington on August, 27 1818, in William Ray Manning, *Diplomatic Correspondence* . . . . part 1 doc. 64 p. 78

de ser confiscadas por el gobierno Americano. Adams escribió a Aguirre el 27 de agosto de 1818, una larga carta explicativa sobre el enojoso asunto de la neutralidad, mencionando el hecho de que "aunque usted había construido, equipado y adecuado para la mar y con su respectiva tripulación, dos barcos apropiados para propósitos bélicos, aún cuando ninguna prueba feaciente fue presentada sobre si usted las equipó con armamento, usted fue inmediatamente liberado y exonerado por decisión del Juez de la Corte Suprema, Livingston, ante quien fue presentado el caso.[24]

Sólo después de que el armamento y el equipo militar habían sido subrepticiamente descargados del "Curiazo" y del "Horatio", y secretamente vueltos a embarcar en un buque mercante como carga, fue cuando el Juez Livingston dió la orden de suspensión de los cargos que pesaban en contra de los tres hombres.

Un diario de Nueva York, el National Advocate del 30 de julio de 1818, anunció que "el Juez Livingston ha decidido en el caso de los dos mencionados navíos que estaban destinados para los patriotas españoles, que debían de ser equipados con armas, comprendidos dentro de los límites del decreto del Congreso, y por lo tanto, ordenó que las partes arrestadas fuesen puestos en libertad".[25]

Los capitanes Délano y Skinner regresaron inmediatamente a sus barcos, los cuales se encontraban ya listos para hacerse a la mar.

El 9 de septiembre de 1818, Manuel Aguirre se embarcó en el "Horatio" acompañado de sus sirvientes y designó al Capitán Skinner, un veterano corsario, Capitán de la pasada guerra de 1812[26], Comodoro de la flotilla. Finalmente zarparon aquel mismo día, acompañados por el "Curiazo", cada barco sin sus valiosos armamentos.

A bordo del "Curiazo", el hijo mayor del Capitán Délano, Paul Hinckley Délano, un joven muchacho de tan solo doce años de edad, navegaba con su padre enrolado como guardiamarina. El próximo puerto de recalada iba a ser la distante Buenos Aires, en la costa sudeste de Sudamérica.[27]

National Advocate, du 30 juillet 1818 annonça que le "Juge Livingston avait décidé dans le cas des deux bateaux prétendus destinés aux patriotes espagnols, qu'ils devraient être armés suivant les Articles de l'Acte du Congrès, et ne l'étant pas, il ordonna que les parties arrêtées fussent libérées.[25] Les Capitaines Délano et Skinner retournèrent alors immédiatement à leurs bateaux qui étaient prêts pour prendre la mer aussitôt la nouvelle reçue.

Le 9 septembre 1818, Manuel Aguirre s'empressa de s'embarquer sur le "Horatio" en compagnie de ses domestiques personnels, nombrant le Capitaine Skinner, corsaire expérimenté de la Guerre de 1812,[26] Commodore de la flotille. Finalement, ils prirent mer ce même jour, accompagnés par le "Curiazo", tous deux sans leur précieux armement. Le fils aîné du Capitaine Délano, Paul Hinckley, jeune garçon âgé seulement de douze ans, s'embarqua à bord du "Curiazo", comme aspirant. Leur prochaine escale serait la lointaine Buenos Aires sur la côte sud-est de l'Amérique du Sud.[27] Le bateau marchand "Sachem", sous les ordres du Capitaine Hillard, chargea l'armement des deux frégates, sans aucun problème, au port de New York, à destination de Buenos Aires le mardi 22 septembre 1818.[28]

Onis se plaignit amèrement, le 16 novembre 1818 dans une longue et acerbe lettre envoyée à John Quincy Adams citant une série "d'abus, d'agressions et pirateries" contre l'Espagne. Parmi la longue liste d'infractions, Onis souligna "le cas de deux bateaux armés, l'Horatio et le Curiazo, construits à New York et retenus par le Cónsul de sa Majesté du au fait qu'ils avaient à bord trente pièces de canons cachés, avec leur affûts et un équipage de cent soixante hommes; qu'en cette occasion on a feint ne pas pouvoir prouver que ces armes n'étaient pas des articles de commerce, et que finalement les bâteaux furent appareillés sans les armes, mais avec un nombre extraordinaire d'officiers et d'équipage qui s'embarquèrent comme passagers.[29]"

The National Advocate, New York 1818

The Horatio and the Curiazo on to Buenos Aires

against the three men. A New York newspaper, the National Advocate of July 30, 1818, announced that "Judge Livingston has decided in the case of the two vessels said to be destined for the Spanish patriots, that they should be armed, to come within the purview of the Act of Congress, and therefore ordered the parties arrested to be discharged".[25] Captains Delano and Skinner immediately returned to their ships, which they found ready to make sail on a moment's notice.

On September 9, 1818, Manuel Aguirre boarded the "Horatio" along with his personal servants, appointing Captain Skinner, a veteran privateer Captain of the War of 1812,[26] Commodore of the flotilla. They finally set sail that same day, accompanied by the "Curiazo", each without its precious armaments. On board the "Curiazo", Captain Delano's older son, Paul Hinckley, a young boy aged only twelve, had shipped out as a Midshipman. Their next port of call was to be distant Buenos Aires on the southeastern shores of South America.[27] The merchant ship "Sachem", under Captain Hillard, loaded with the armaments of both frigates cleared, without incident, the port of New York bound for Buenos Aires on Tuesday, September 22, 1818.[28]

Onis bitterly complained, on November 16, 1818, in a long acrid letter sent to John Quincy Adams citing a series of "abuses, aggressions and piracies" against Spain. Among the long list of presumed wrongdoings, Onis highlighted "the case of two armed ships, the "Horatio" and the "Curiazo", built in New York, and detained by His Majesty's consul there, on the ground of their having on board thirty pieces of cannon concealed, with their carriages, and a crew of one hundred and sixty men; on which occasion it was pretended that it could not be proved that these guns were not an article of commerce, and they finally put to sea without them, the extraordinary number of officers

25 *The National Advocate*. New York, July 30, 1818.
26 Edgar Stanton Maclay. *A History of American Privateers*. New York: Books for Libraries Press 1970. pp. 258, 259
27 *New York Shipping and Commercial*. Friday, September 11, 1818 # 58 v 4 G.W. Blunt White Library. Mystic Seaport Museum, Mystic, Connecticut
28 *New York Evening Post*, "Evening Post Marine List", Tuesday, September 22, 1818.

El navío mercante "Sachem", bajo el mando del Capitán Hillard, cargado con los armamentos de ambas fragatas, zarpó desde el puerto de Nueva York sin mayores incidentes, rumbo a Buenos Aires, el martes 22 de septiembre de 1818.[28]

El 16 de noviembre de 1818, Onís se quejó amargamente, a través de una larga y ácida correspondencia, enviada a John Quincy Adams, en donde enumeraba una serie de "abusos, agresiones y actos de piratería" contra España. De entre una larga lista de presuntas irregularidades, Onís resaltó "el caso de dos buques armados, el "Horatio" y el "Curiazo", construidos en Nueva York, y retenidos por el Cónsul de su Majestad en esa ciudad, debido a que llevaban a bordo 30 piezas de artillería ocultas con sus respectivas cureñas y una tripulación de 160 hombres, fingiendo lo que no pudo ser probado, que esas armas no eran un artículo de comercio, y finalmente zarparon sin ellas, con un extraordinario número de oficiales y de tripulación que lograron pasar por pasajeros".[29]

Los patriotas no monopolizaban todo el lucrativo comercio de armas americanas de la época. Irónicamente, el mismo ministro español para los Estados Unidos, El Caballero Luis de Onís y González, "actuaba como representante de las compras en Norteamérica y organizaba el embarque de armas en los fondos de los barcos americanos". La goleta americana "Governor Shelby" embarcó un cargamento de armas para los realistas, "fletándolas al Callao [Perú] en mayo de 1818, obedeciendo instrucciones de Onís, con la aprobación del Virrey [Joaquín de la Pezuela], llevando a cabo al menos un viaje comercial [armas] a Panamá antes de regresar a los Estados Unidos".[30]

Después de un poco más de dos meses de travesía por el Atlántico, las fragatas "Curiazo" y "Horatio" arribaron sin incidentes al puerto de Buenos Aires, el 12 de noviembre de 1818, tal y como fué registrado en la Lista del Lloyd's fechado el 12 de febrero de 1819.[31] El "Sachem", un velero mercante Americano, fletado secretamente por Aguirre en Nueva York para transportar el problemático material de guerra, municiones y cañones, para equipar a las fragatas,

Les patriotes ne monopolisaient pas le lucratif commerce d'armes américain. Par ironie du sort, le même ministre espagnol aux Etats-Unis, le Chevalier Luis de Onis y Gonzales, "actua comme agent d'achat aux Etats-Unis et prépara l'embarquement d'armes sous pavillon américain". La goélette "Governor Shelby" remit un chargment d'armes aux Royalistes, les délivrant a El Callao [Pérou] en mai 1818, à l'ordre d'Onix et avec l'approbation du vice-roi [Joaquim de la Pezuela] et fit au moins un voyage de commerce à Panama, avant de revenir aux Etats-Unis.[30]

Après un peu plus de deux mois de croisière à travers l'Atlantique, le "Curiazo" et "l'Horatio" arrivèrent sans incidents à Buenos Aires, le 12 novembre 1818, comme il fut registré dans l'Annuaire du Lloyd daté du 12 février 1819.[31] Le navire marchand américain "Sachem", secrètement loué par Aguirre à New York pour transporter l'encombrant matériel de guerre, munitions et canons pour équipper les frégates de guerre en attente, arriva à Buenos Aires moins que deux semaines plus tard, le 25 novembre 1818.[32]

C'était un temps spécial et turbulent pour les patriotes dans les Provinces Unies de Rio de la Plata. Les fréquentes confrontations parmi les dirigeants locaux avaient mis les Provinces au bord d'une réelle guerre civile. On respirait un air très sensible pour être un étranger responsable de cette sorte d'équipement tellement intéressant et dangereux. A Buenos Aires, les deux bateaux étaient ancrés près de la côte avec les Capitaines Délano et Skinner en attente, pleins de doutes et impatience pour recevoir les salaires dus aux membres de ses équipages et le paiement final des dettes contractées par Aguirre à New York. De plus, il restait encore un désagréable et dérangeant épisode à résoudre au sujet du retard de la relation des comptes au Gouvernement Chilien sur tous les fonds dépensés par Aguirre pour l'achat, l'équipement et l'embauche de l'équipage des bateaux à New York.

and crew passing for passengers".²⁹

The patriots did not monopolize all the lucrative American arms trading. Ironically, the same Spanish minister to the United States, the Chevalier Luis de Onis y Gonzales, "acted as purchasing agent in North America and arranged for shipment of the arms in American bottoms". The American schooner "Governor Shelby" remitted a cargo of arms for the Royalists, "delivering them to Callao [Peru] in May, 1818, at the order of Onis and, with the approval of the viceroy [Joaquin de la Pezuela], made at least one trading voyage to Panama before returning to the United States".³⁰

Model of the "Independencia" a.k.a. "Curiazo". Naval Museum, Valparaíso, Chile.

After a little more than two months of cruising through the Atlantic, the "Curiazo" and the "Horatio" arrived without incident at Buenos Aires on November 12, 1818, as was recorded on the Lloyd's List dated London February 12, 1819.³¹ The American merchant ship, "Sachem," secretly hired by Aguirre in New York to carry the troublesome war matériel, munitions and cannons to outfit the waiting frigates for combat, arrived in Buenos Aires less than two weeks later on November 25, 1818 ³².

These were especially turbulent times for the patriots in the United Provinces of Rio de la Plata. The frequent confrontations among the local leaders had put the Provinces at the brink of a real civil war. It was a very volatile atmosphere in which to be a foreigner with such attractive and dangerous equipment

29 William Ray Manning. *Diplomatic Correspondence . . . .* v 3 part XIII: Communications from Spain doc 1088 p. 1981 translated and quoted from American State Papers, Foreign Relations, v. 4 p. 531

30 Edward Baxter Billingsley. *In Defense of Neutral Rights, the United States Navy and the Wars of Independence in Chile and Peru.* Charlotte, N.C.: University of North Carolina Press 1967. p. 8

31 *Loyd's List.* "The Marine List" # 5360 London, Friday, 12 February 1819. G.W. Blunt White Library. Mystic Sea Port. Mystic, Connecticut.

32 *Archivo de Don Bernardo O'Higgins.* ed. Eugenio Pereira Salas et al. Santiago: Imprenta Universitaria 1949 v. 5 pp. 39, 47

arriba a Buenos Aires solo dos semanas más tarde, el 25 de noviembre de 1818.[32]

Eran tiempos especialmente turbulentos para los patriotas en las Provincias Unidas del Río de la Plata. Las frecuentes confrontaciones armadas entre los caudillos locales habían puesto a las Provincias Unidas al borde de una auténtica guerra civil. Incómoda posición para los capitanes, ser un extranjero responsable de esa clase de equipos y suministros tan atractivos como peligrosos. En Buenos Aires, las dos fragatas permanecían ancladas justo frente a la costa con los Capitanes Délano y Skinner a la espera, llenos de dudas e impaciencia, por percibir los salarios que no habían sido pagados a los miembros de sus respectivas tripulaciones, y por la cancelación final de las deudas contraídas por Aguirre en Nueva York.

Además, aún quedaba pendiente un desagradable episodio que tenía que ver con el inexplicable retraso en la presentación del informe contable final ante el Gobierno Chileno sobre los enormes gastos incurridos por parte de Aguirre en la adquisición, equipamiento y contratación de la tripulación de los dos barcos en Nueva York.

Meses antes de la llegada de estos navíos de guerra, el 14 de abril de 1818, Manuel Zañartu había sido designado por el gobierno chileno, Ministro para las Provincias Unidas de Río de la Plata, cuya capital era Buenos Aires.[33] El Ministro escribió al Director Supremo de las Provincias Unidas de Río de la Plata (Juan Martín de Pueyrredón)[34] la siguiente correspondencia fechada el 26 de enero de 1819:

> Don Manuel Aguirre, en el desempeño de sus obligaciones que recibió de mi gobierno[de Chile], construyó y trajo a este puerto [Buenos Aires] dos fragatas que, a causa de haber sido armadas para la guerra, no podían zarpar de Estados Unidos sin ocultar su verdadero objetivo al hacer uso de una transacción simulada de su propiedad. El Capitán Délano [del "Curiazo"] en pleno cumplimiento de sus deberes, cedió de forma inmediata la propiedad de la nave que él comandaba a mi persona, como representante del gobierno de Chile, a quien pertenece la fragata. Pero José [Joseph] Skinner, comandante del "Horatio", hacien-

Rio de la Plata Estuary

City of Buenos Ayres. Early XIX Century

and supplies under one's care. In Buenos Aires the two ships lay at anchor just off the shore with Captains Delano and Skinner waiting, full of misgivings and impatience, to collect the unpaid wages of their crew members and the final cancellation of the debts contracted by Aguirre in New York. In addition, there still remained an unpleasant issue regarding a disturbing delay of the final accounting to the Chilean Government of all monies spent by Aguirre in purchasing, outfitting, and manning the two ships in New York.

Months before the arrival of these warships, on April 14, 1818, Manuel Zañartu had been appointed Minister for the Chilean government to the United Provinces of Rio de la Plata, which had its capital in Buenos Aires.[33] The Minister wrote to the Supreme Director of the United Provinces of Rio de la Plata (Juan Martin de Pueyrredon)[34] the following correspondence, dated January 26, 1819:

> Don Manuel Aguirre, in the discharge of his duties that he received from my government [of Chile], built and brought to this port [Buenos Aires] two frigates that, because they were armed in war, could not leave the United States without concealing their true objective by making use of a simulated transaction of their ownership. Captain Delano [of the "Curiazo"], in the fulfillment of his duties, immediately handed over ownership of the ship he commanded to me, as a representative of the government of Chile, to whom it belongs. But José [Joseph] Skinner, commander of the "Horatio," making illegitimate use of that simulated instrument [of ownership], retains possession of the ship to the grave detriment of the interest of my country.
>
> He [Skinner] has based his resistance, until now, on the inadmissibility of some letters [of credit] that work in his favor. But [with]in the day this ruse is dissipating, because the letters have been accepted and time is running on the obligations. So it is that this conduct strongly supports the suspicions, held for days, that this individual [Skinner]

---

33 Ibid. v. 5 pp. 1-2
34 David Rock. *Argentina 1516-1987. From Spanish Colonization to Alfonsin*. Los Angeles: University of California Press 1987 p. 93

do uso ilegítimo de ese instrumento simulado de propiedad, mantiene la posesión del barco en grave detrimento de los intereses de mi país.

Hasta los momentos [Skinner] ha basado su resistencia en la inadmisibilidad de algunas cartas [de crédito] que obran a su favor. Pero antes de finalizar el día, esta artimaña se disipará, porque las cartas de crédito han sido aceptadas y los intereses comenzaron a correr con los compromisos. Así que esta es la conducta que confirma la sospecha mantenida durante estos días de que este individuo [Skinner] intenta levar anclas, robando esta propiedad de mi país, para de esta forma convertirse en corsario al tomar una patente de corso de [José] Artigas.

Confirma nuestras sospechas el hecho que [Skinner] ha trasladado recientemente la nave ["Horatio"] desde su posición original, estableciéndola en un nuevo fondeadero de forma tal de poder escapar más fácilmente. Por lo tanto, ruego a su excelencia que arreste a esta persona, el ya nombrado José [Joseph] Skinner, si en el acto de notificación no entrega, a mi entera satisfacción, un aval por la cantidad de 100.000 pesos, (costo del barco) como garantía de que no se moverá de su fondeadero y que, mientras tanto, la corte pueda decretar un dictamen en lo que respecta al pago de los daños que los abusos de este hombre me han causado.

Dios guarde a su Excelencia por muchos años[35].

Tras seis meses de retraso, la fragata "Curiazo", liberada de su deuda, sin esperar por más tiempo a la hipotecada "Horatio", zarpa de Buenos Aires, el 13 de mayo de 1819[36], con rumbo al puerto chileno de Valparaíso, bajo el mando del Capitán Paul Délano. El gobierno chileno presumiblemente había satisfecho en su totalidad a sus acreedores. Llevaba una tripulación de 213 hombres y estaba ahora transformada en buque de guerra, armada con 32 cañones. Tras doblar el peligroso Cabo de Hornos, y transcurridos 40 días en el mar, la "Curiazo" arribó finalmente a Valparaíso, Chile, el 23 de junio de 1819[37].

En la navegación desde Buenos Aires, el Capitán Délano contratado por la Armada Chilena con el rango de Capi-

pendant ce temps, la cour pourra émettre un jugement au sujet des dommages que les abus de cet homme m'ont causés.

Que Dieu protège son Excellence pour maintes années.[35]

Après six mois de retard, la frégate "Curiazo", maintenent libre de dettes, sans attendre plus longtemps l'éclaircissement des dettes de "l'Horatio", fit voile depuis Buenos Aires le 13 mai 1819,[37] vers le port chilien de Valparaíso, sous le commandement du Capitaine Paul Délano. Elle transportait un équipage de 213 hommes et était maintenant une frégate de guerre armée de 32 canons. Après avoir contourné le notoirement dangereux Cape Horn et navigué pendant 40 jours, le "Curiazo" arriva finalement à Valparaiso, au Chili, le 23 juin 1819.[38] Partant de Buenos Aires et ayant été promu au grade de Lieutenant Commandant par la Marine Chilienne, le Capitaine Délano hissa le pavillon chilien sur le "Curiazo" pour la première fois. Le 15 juin 1819,[38] alors qu'il manquait une semaine au Capitaine Délano pour compléter son voyage jusqu'à Valparaiso, "l'Horatio" esquivant la surveillance des autorités de Rio de la Plata, s'arrangea pour s'échapper du port de Buenos Aires. Le Capitaine Skinner mit cap sur Rio de Janeiro, au Brésil, où il remit "l'Horatio" au Consul américain, qui ensuite le vendit à crédit à la Royale Armée Portugaise pour 75.000 pesos.[39] Le gouvernement patriote chilien ne reçut jamais de compensation pour cette perte de sa marine. La frégate "Curiazo", une fois à Valpariso fut re-baptisée sous le nom de "Independencia" et immédiatement incorporée à l'Escadre Navale Chilienne,[40] qui se trouvait sous les ordres d'un Amiral anglais, l'Ecossais Lord Thomas Alexander Cochrane (1775-1860).

Le Capitaine Délano écrivit à sa femme Ann, à Fairhaven, Ma. depuis Santiago, au Chili, le 22 juillet 1819, ses impressions de première main sur ce nouveau pays.

"Je fus extraordinairement (sic) bien reçu par son

A Corvette under full sail. Oil by Maria Isabel Ross

Valparaíso, Chile 1818

tried to weigh anchor, stealing this property of my country, to become a privateer by taking on letters of marque from [José] Artigas.

Further strengthening these misgivings is the fact that he [Skinner] has recently moved the ship [the "Horatio"] from its original position, relocating it so as to depart more easily. Therefore, I beg your excellency to arrest this person, the named José [Joseph] Skinner, if in the act of notification he does not give, to my satisfaction, a surety bond in the amount of 100,000 pesos (cost of the ship) as a guarantee that he will not move from his anchorage, and that, in the meantime, the court can rule on a judgement in respect to the payment of damages that the abuses of this man have caused me.

May God guard his Excellency for many years.[35]

After six months of delay the frigate, "Curiazo", as it was now free of debt, waited no longer for the debt-ridden "Horatio", and set sail from Buenos Aires on May 13, 1819,[36] bound for the Chilean port of Valparaiso under the command of Captain Paul Delano. The Chilean Government presumably had fully satisfied its creditors. She carried a crew of 213 men and was now a warship armed with 32 cannons. After rounding the notoriously dangerous Cape Horn and spending 40 days at sea, the "Curiazo" finally arrived at Valparaiso, Chile on June 23, 1819.[37] Sailing from Buenos Aires, Captain Delano, being commissioned in the Chilean Navy with the rank of Lieutenant Commander, raised the Chilean flag on the "Curiazo" for the first time. On June 15, 1819[38] while Captain Delano was within a week of completing his voyage to Valparaiso, the "Horatio" eluded the vigilance of the authorities of Rio de la Plata, managing to escape from the port of Buenos Aires. Captain Skinner set course for Rio de Janeiro, Brazil, where he handed over the "Horatio" to the American Consul, who then sold her on credit to the Royal Portuguese Navy for 75,000 pesos.[39] The Chilean patriot government never received any compensation

35 *Archivo de Don Bernardo O'Higgins.* v. 5 p. 112
36 Ibid. p. 93
37 *Consular Despaches—Valparaiso from 1811.* The National Archives 1934. Microfilm M146 Roll 1.
38 *Archivo de Don Bernardo O'Higgins.* v. 5 p. 110
39 Ibid. v. 5 p. 151

tán de Corbeta, izó por vez primera la bandera de Chile en la fragata "Curiazo". El 15 de junio de 1819[38], mientras el Capitán Délano estaba a menos de una semana de completar su travesía hacia Valparaíso, la fragata "Horatio" logra burlar la vigilancia de las autoridades del Río de la Plata, escapando del puerto de Buenos Aires. El Capitán Skinner puso rumbo a Río de Janeiro, Brasil, donde hizo entrega de la "Horatio" al Cónsul Americano, quien a su vez la vendió a crédito a la Real Armada Portuguesa por 75.000 pesos.[39] El gobierno patriota chileno nunca recibió compensación alguna por la pérdida que supuso este estratégico material bélico para su armada. La fragata "Curiazo", una vez fondeada en Valparaíso, recibió el nuevo nombre de "Independencia" e inmediatamente fue incorporada a la Armada Chilena[40], la cual estaba bajo el mando del famoso Almirante inglés, el escocés Lord Thomas Alexander Cochrane (1775-1860).

El Capitán Délano escribió a su esposa Ann, en Fairhaven, Massachusetts, desde Santiago de Chile, el 22 de julio de 1819, relatando sus experiencias en el nuevo país:

> Fui extraordinariamente bien recibido por su Excelencia el Director Supremo [General Bernardo O'Higgins] quien estaba en Valparaíso cuando arribé [el 23 de julio de 1819]. Tuve el honor de cenar con él dos veces en Valparaíso y una vez verlo en un baile de gala, y sí creo que es el mejor hombre del mundo. Vine a esta ciudad [Santiago] a concretar mi empleo, esperando recibir un nombramiento como Comisionado o Almirante Portuario en Valparaíso, por lo que se percibe un salario anual de 6.000 pesos. En la actualidad, mi salario es de 2.619 pesos al año y obtengo algunas prerrogativas, incluso cuando no estoy embarcado. Presenté mi renuncia, sin que esta fuera aceptada. Me dicen que no debo dejar el servicio, sino que debo de enviar por mi familia . . . .[41]

A su llegada a Chile, el Capitán Délano fue comisionado por el Gobierno para construir un sistema telegráfico de su propia invención, para interconectar las ciudades de Valparaíso y Santiago. Desafortunadamente, tras meses de trabajo, su proyectó fue abandonado a causa de una severa falta de fondos del Gobierno.[42]

Excellence le Directeur Suprême [Général O'Higgins] qui se trouvait à Valparaíso quand j'arriva [le 23 juin 1819]. J'ai eu l'honneur de dîner avec lui deux fois à Valparaíso et une autre fois de le rencontrer à un bal et je le crois le meilleur homme du monde. Je vins à cette ville [Santiago] pour pourparler avec le gouvernement et j'espère recevoir la désignation de Préfet ou d'Amiral Portuaire à Valparaíso ce qui rapporte un salaire d'environ 6.000 pesos par an. En ce moment, ma paie est de 2.619 pesos et en outre j'ai certains bénéfices (sic) même quand je m'arrête sur la côte. J'ai présenté (sic) ma démission qui n'a pas été acceptée. Ils m'ont dit que je ne dois pas laisser le service, mais au contraire faire venir ma famille . . .".[41]

Le Capitaine Délano, à son arrivée au Chili, fut commissionné par le Gouvernement de construire un système télégraphique de sa propre invention, afin de communiquer les ville de Valparaíso et Santiago. Malheureusement, après plusieurs mois de travail, son projet s'arrêta à cause d'un sévère manque de fonds de la part du Gouvernement pour le terminer.[42]

Cochrane, capitaine expérimenté en combats, avait une grande confiance dans l'utilisation de roquettes Congreve pour attaquer le port de El Callao, au Pérou, depuis la mer. Dans une lettre datée à Valparaíso le 7 septembre 1819, il recommandait que O'Higgins nomme le Capitaine Délano, Préfet responsable de la garde des matériaux nécessaires pour la construction de ces fusées. Avec la Marine et son personnel à terre, les prix des matériaux et des victuailles étaient inexorablement en hausse. Cochrane, qui connaissait parfaitement bien l'horrible situation économique du gouvernement, se rendit compte qu'il y aurait un grand avantage si l'Escadre mettait voile et appuyait la nomination d'un Officier Supérieur d'Achats [Délano] qui demeurerait à Valparaíso à cette fin.[43] Un certain Mr. Goldsack, ingénieur expérimenté et proche collaborateur de Lord Congreve, avait été embauché en Angleterre pour superviser leur fabrication au Chili.

for this material loss to its navy. The frigate, "Curiazo", once in Valparaiso, was given the new name of "Independencia" and immediately incorporated into the Chilean Naval Squadron,[40] which was under the command of an English Admiral, the Scotsman Lord Thomas Alexander Cochrane (1775-1860).

Captain Delano wrote to his wife, Ann, in Fairhaven, Massachusetts from Santiago, Chile on July 22, 1819, his first hand experiences in the new country.

> *I was extreordinary (sic) well received by His Excellency the Supreme Director [General Bernardo O'Higgins] who was at Valparaiso when I arrived [June 23, 1819]. I had the honor to dine with him twice at Valparaiso, and once at a ball with him and I do believe him to be the best man in the world. I came to this city [Santiago] to settle with the government and expect to receive an appointment as Commissioner or Port Admiral at Valparaiso which will be worth about $6,000 per year. At present my pay is $ 2,619 per year and find myself with some privlages (sic) if I even stop on shore. I tendred (sic) my resignation which would not be accepted. They tell me I must not leave the service, but send for my family . . . .*"[41]

Captain Delano upon his arrival at Chile was commissioned by the Government to build a telegraphic system of his own invention, to interconnect the cities of Valparaiso and Santiago. Unfortunately, after months of work, his project floundered because of a severe lack of Government funds needed for its completion.[42]

Cochrane, an experienced fighting Captain, had placed great faith in the use of Congreve rockets to attack the port of El Callao, Peru from the sea. In a letter from Valparaiso, dated September 7, 1819, he recommended that O'Higgins appoint Captain Delano Commissioner in charge of securing materials for the construction of such rockets. With the Navy and its per-

40 Rodrigo Fuenzalida Bade. *La Armada de Chile desde la Alborada al Sesquicentenario*. Valparaiso: Imprenta de la Armada 1975 v. 1 p. 137

41 Joel Andrew Delano. *The Genealogy History* . . . . p. 470

42 Pedro Pablo Figueroa. "Cronicas Navales". *Album Militar de Chile*. 1905

Cochrane, un experimentado Capitán, había puesto toda su fe en el uso de cohetes Congreve para atacar el puerto de El Callao, Perú, desde el mar. En carta fechada en Valparaíso, el 7 de septiembre de 1819, recomendaba que O´Higgins designara al Capitán Délano como Comisario a cargo de la adquisición de los materiales necesarios para la construcción de tales proyectiles. Con la Armada y su personal en puerto, los precios de los suministros y vituallas sufrían aumentos fuera de lo normal. Cochrane, profundo conocedor de la inclemente y espantosa situación económica del gobierno, se percató de que se podría obtener gran ventaja económica una vez que el Escuadrón Naval zarpara del puerto. Por esta razón recomendaba el nombramiento de un oficial de alta graduación [Délano] para dirigir las Compras, permaneciendo en Valparaíso para tal propósito⁴³. Un tal Sr. Goldsack, un experimentado ingeniero, estrecho colaborador de Lord Congreve [el inventor], había sido contratado en Inglaterra para dirigir la fabricación en Chile. Debido a la mala situación económica del Gobierno, se tomó la mala decisión de utilizar a prisioneros españoles en la manufactura de los cohetes. Como era de esperarse, los prisioneros sabotearon los proyectiles volviéndolos inservibles cuando fueron utilizados posteriormente por el Escuadrón al atacar el puerto de El Callao⁴⁴.

El 30 de noviembre de 1819, el Capitán Délano junto a otros 46 oficiales protestantes al servicio de Chile, formularon una petición conjunta al Director Supremo (O´Higgins) para fundar un cementerio para los no católicos que viviesen en el país. La Chile católica no había estipulado sepulturas para cualquiera que profesare una fe distinta a la católica. Hasta entonces, aquellos que no se hubiesen convertido al catolicismo antes de su muerte, estaban condenados al acostumbrado abandono de su cadáver en las playas de Valparaíso.

Por decreto gubernamental, O´Higgins aprobó el 14 de diciembre de 1819 la adquisición del terreno adecuado para crear un cementerio especial de disidentes, para ser utilizado por todas las religiones protestantes en las ciudades de Valparaíso y de Santiago⁴⁵.

Due à l'habituelle contraction économique, une décision peu appropriée d'employer les prisonniers espagnols dans la fabrication des roquettes fut prise. Comme bien entendu, les prisonniers ont saboté les roquettes, les rendant inutilizables quand elles furent employées plus tard par l'Escadre pour attaquer le port de El Callao.⁴⁴

Le 30 novembre 1819, le Capitaine Délano se joignit à 46 autres Protestants au service du Chili pour demander au Suprême Directeur [O'Higgins] d'assurer un cimetière pour les non-catholiques vivant dans le pays. Le Chili catholique n'avait pas prévu d'enterrement pour les persones hors de la Foi catholique. Jusqu'alors, ceux qui ne s'étaient pas convertis au Catholicisme avant leur mort, avaient droit à l'habituel abandon du cadavre sur les diverses plages de Valparaiso. Par décret du Gouvernement, O'Higgins approuva le 14 décembre 1819 l'achat par les demandeurs d'un terrain adéquat, qui devint un cimetière special [Dissidents] pour toutes les religions protestantes de Valparaiso et Santiago.⁴⁵

Durant l'hiver suivant, le 2 août 1820, O'Higgins nomma le Capitaine Paul Délano, Capitaine en Chef de la Division de Transport, ce qui signifiait transporter l'Armée de Libération, sous les ordres du Général José de San Martín afin de libérer le Pérou espagnol. D'après les Archives Nationales chiliennes, jusqu'à cette date-là, Délano avait mantenu son rang de Capitaine de corvette, commençant son ancienneté le 23 juillet 1818, date à laquelle il avait été embauché par Manuel Aguirre à New York.⁴⁶

Le 10 août 1820, Cochrane écrit au Ministre de la Marine, José Ignacio Zenteno, que le Capitaine Délano l'avait informé ce matin, que les transports étaient prêts pour sortir de Valparaiso.⁴⁷ Le 21 août 1820⁴⁸ Délano fût promu Commandant au moment où l'expédition de Libération navigait vers le Pérou avec 17 bateaux de transport et 12 canonnières à ses ordres. L'Escadre de

sonnel in port, prices for supplies and victuals were invariably seen to rise. Cochrane, knowing full well the constant dire economic situation of the Government, realized that a great cost advantage could be gained once the Naval Squadron sailed from port and endorsed the appointment of a Senior Purchasing Officer [Delano] to remain in Valparaiso for that purpose.[43] A Mr. Goldsack, an experienced engineer, close assistant to Lord Congreve, had been hired in England for overseeing the manufacturing in Chile. Due to the usual economic constraints of the Government, an unwise decision was made to use Spanish prisoners in the manufacture of the rockets. As one would expect, the prisoners sabotaged the rockets rendering them useless when they were used later by the Squadron to attack the port of El Callao.[44]

On November 30, 1819, Captain Delano joined with another 46 Protestant personnel then in the service of Chile in a joint petition to the Supreme Director [O'Higgins] to secure a cemetery for those who were non-Catholics living in the country. Catholic Chile in those days had no provisions for the interment of anyone outside the Catholic faith. Up to that time those who had not converted to Catholicism before death, faced the customary abandonment of the corpse on the many beaches of Valparaiso. By Government decree, O'Higgins approved, on December 14, 1819, the purchase of suitable land by the petitioners, to become a special cemetery [Dissidents] for all Protestant religions in Valparaiso and Santiago.[45]

The next winter, on August 2, 1820, O'Higgins appointed Captain Paul Delano Commander in Chief of the Transport Division which was to take the Liberation Army, under the command of General Jose de San Martin, to liberate Spanish Peru. According to the Chilean National Archives, up until that date, Delano maintained the rank of Lieutenant Commander,

Valparaiso, Cemetery of Dissidents, Paul Hinckley Delano's family Mausoleum, circa 1999

[43] *Archivo Historico Naval*. "ViceAlmirante Lord Thomas Alexander Cochrane". ed. Jorge Garin Jimenez Valparaiso: Imprenta de la Armada 1993 v. 1 t.1 p. 200

[44] Thomas Alexander Cochrane. *Narrative of Services in the Liberation of Chili (sic), Peru and Brazil from Spanish and Portuguese Domination*. London: J. Ridway 1858 v. 1 p.21

[45] *Archivo de Don Bernardo O'Higgins*. v. 13 pp. 233-235

Durante el siguiente invierno, el 2 de agosto de 1820, O'Higgins designó al Capitán Paul Délano, Comandante en Jefe de la División de Transportes, responsable de conducir al Ejercito de Liberación, bajo el comando del General José de San Martín, en la proyectada invasión al Perú español. Según los Archivos Nacionales chilenos, hasta aquella fecha el Capitán Délano seguía manteniendo el rango de Capitán de Corbeta, con antigüedad contada a partir del 22 de julio de 1818, fecha en la cual fue contratado por Manuel Aguirre en Nueva York, para comandar la "Curiazo"[46].

El 10 de agosto de 1820, Cochrane escribe al Ministro de la Marina, José Ignacio Zenteno, que el Capitán Délano le ha informado aquella mañana que los navíos están listos para zarpar desde Valparaíso[47]. El 21 de agosto de 1820[48], el Capitán Délano fue promovido al rango de Comandante al zarpar la Expedición Libertadora rumbo al Perú con 17 buques de transporte y 12 cañoneras bajo su mando. Bajo las órdenes del Almirante Cochrane, el Escuadrón Naval chileno escoltó a los buques de transporte hacia el Norte. Estos frágiles buques de vela transportaron un total de 4.430 hombres, 35 cañones de artillería, 800 caballos, comestibles para seis meses, uniformes adicionales y un hospital perfectamente abastecido y organizado. Los buques de transporte, bajo el comando del Capitán Délano, fueron las fragatas, "Dolores", "Gatidana", "Consequencia", "Emprendedora", "Santa Rosa", "Argentina", "Peruana", "Mackena", "Minerva", "Libertad", "Nancy", "Hércules", y la "Perla"; los bergantines fueron "Jerezano", "Aguila" y "Potrillo", y la goleta, "Golondrina"[49].

La expedición llegaba a Pisco, Perú, el 7 de septiembre, de 1820[50]. Al día siguiente, las fuerzas terrestres del General San Martín desembarcaron sin encontrar resistencia sobre la costa peruana.

Durante 1819, El Almirante Lord Cochrane había perpetrado sin éxito dos ataques con cohetes Congreve desde el mar sobre el puerto de El Callao, infranqueable bastión español, para sólo retornar a Chile con las manos vacías.

A principios de enero de 1820, Cochrane había conducido

la Marine Chilienne, sous les ordres de l'Amiral Cochrane escortait les transports. Les bâteaux transportaient un total de 4.430 hommes, 35 canons d'artillerie, 800 chevaux, des provisions pour six mois, des uniformes additionels et un hôpital parfaitement approvisionné et organisé. Les vaisseaux de transport, aux ordres du Capitaine Délano, étaient les frégates: "Dolores", "Gatidana", "Consequencia", "Emprendedora", "Santa Rosa", "Argentina", "Peruana", "Mackena", "Minerva", "Libertad", "Nancy", "Hercules" et la "Perla"; les brigantins se nommaient "Jerezana", "Aguila" et "Portillo", et la goélette "Golondrina"[49] L'expédition arriva à Pisco, au Pérou, le 7 septembre 1820.[50] Le jour suivant, les forces de terre du Général San Martín désembarquèrent sur les rives péruviennes.

Durant l'année 1819, l'Amiral Lord Cochrane avait monté deux attaques sans succès avec les roquettes Congreve depuis la mer sur l'inexpugnable bastion espagnol du port de El Callao, pour retourner au Chili les mains vides. Au début du mois de janvier 1820, Cochrane avait guié l'Escadre vers Valdivia, au sud du Chili, en ce temps-là une formidable forteresse espagnole, réputée impénétrable. Prenant la garnison espagnole par surprise, son plan d'attaque brillamment exécuté donna aux patriotes une bien nécessaire victoire.

Revenant au port de El Callao, cette fois-çi, Lord Cochrane, possédait le capital humain et les frégates nécessaires pour effectuer un blocus au port péruvien et attendre una bataille navale définitive. Son but était d'attirer les bateaux espagnols ancrés dans la baie sous la protection des batteries. Au lieu de présenter une bataille, les bateaux espagnols demeuraient, de façon agaçante, dans le paradis sûr du port péruvien.

Deux mois passèrent, et dans l'obscurité de la nuit du 5 novembre 1820,[51] Cochrane lança une attaque osée avec quatorze petits bateaux contre les navires espagnols à El Callao. Son intention était de couper la liberté

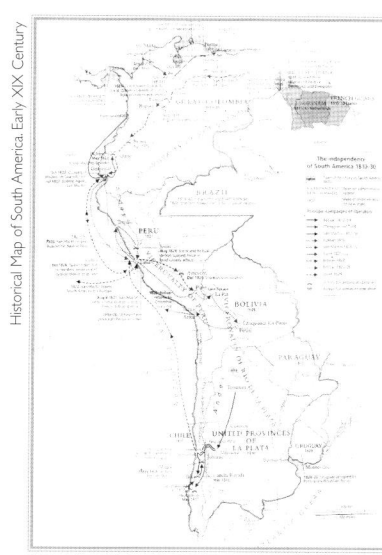

Historical Map of South America, Early XIX Century

Valdivia, Chile

Transport ships under full sail.

with his seniority beginning from July 22, 1818, the date he was hired by Manuel Aguirre in New York to command the "Curiazo".[46]

On August 10, 1820, Cochrane wrote to the Minister of Marine, Jose Ignacio Zenteno, that Captain Delano had advised him that morning, that the transports were ready for sailing from Valparaiso.[47] On August 21, 1820,[48] Delano was promoted to the rank of Commander as the Liberation Expedition sailed bound for Peru with 17 transport ships and 12 gunboats under his command. The Chilean Naval Squadron, under the orders of Admiral Cochrane convoyed the transports. The sailing ships carried a total of 4,430 men, 35 artillery cannons, 800 horses, provisions for six months, extra uniforms and a perfectly supplied hospital. The transport ships under the command of Captain Delano were the frigates, "Dolores", "Gatidana", "Consequencia", "Emprendedora", "Santa Rosa", "Argentina", "Peruana", "Mackena", "Minerva", "Libertad", "Nancy", "Hercules", and the "Perla"; the brigantines were "Jerezana", "Aguila" and "Potrillo", and the schooner, "Golondrina".[49] The expedition arrived in Pisco, Peru on September 7, 1820.[50] The next day the land forces of General San Martin disembarked on the Peruvian shore.

During 1819, Admiral Lord Cochrane had mounted two unsuccessful Congreve rocket attacks from the sea on the unconquerable Spanish bastion, the port of El Callao, only to return to Chile empty handed. In early January 1820, Cochrane had led the Squadron to Valdivia in Southern Chile, at the time, a formidable Spanish fortress deemed impregnable. Taking the Spanish garrison by surprise, his brilliantly executed plan of

[46] *Escalafon de Marina 1817-1878*. Santiago: Archivo Nacional 22 May 1951 Fs 107

[47] Luis Uribe Orrego. *Nuestra Marina Militar*. Valparaiso: Talleres Tipograficos de la Armada 1910 p. 329

[48] *Archivo Historico Naval*. "ViceAlmirante Lord Thomas Alexander Cochrane". v. 1 t. 4 p. 54

[49] Rodrigo Fuenzalida Bade. *La Armada de Chile* . . . . v. 1 p. 177

[50] Ibid. v. 1 p. 179

a la Escuadra a Valdivia, en el Chile austral, para ese momento una formidable fortaleza española presumiblemente inexpugnable. Tomando a la guarnición española por sorpresa, su audaz plan de ataque fue ejecutado con éxito, dándole a los patriotas una muy necesaria victoria.

De regreso al puerto de El Callao, Lord Cochrane en este nuevo viaje disponía del capital humano y de los buques de guerra necesarios para efectuar un bloqueo efectivo del puerto peruano. Cochrane tenía esperanzas de que se produjese una batalla naval decisiva. Su objetivo era atraer fuera de la bahía a los barcos españoles anclados al amparo de las baterías. Los Españoles cautelosos en lugar de presentar batalla se quedaron refugiados en el puerto peruano. Transcurrieron dos meses sin actividad y en la oscuridad de la noche del 5 de noviembre, 1820,[51] Cochrane lanzó un temerario ataque de sorpresa con solo catorce botes pequeños en contra los barcos españoles refugiados en la bahía de El Callao. Su propósito era capturar a tantos barcos como le fuese posible, destruyendo a los que se veía obligado a dejar atrás.[52]

En el primer bote de Cochrane, embarcaba el hijo mayor del Capitán Délano, ahora un muchacho de 14 años, el Guardiamarina Paul Hinckley Délano.[53] El ataque por sorpresa dio los frutos esperados, capturando intacta a la fragata española de 44 cañones, "Esmeralda", el mejor y más poderoso buque insignia del enemigo en el Océano Pacífico. Una vez que la "Esmeralda" estuvo a salvo en manos chilenas, se agregó al Escuadrón chileno como "Valdivia".

La fragata, "Lautaro", fue puesta ahora bajo el mando de Capitán Paul Délano,[54] reanudando todos los barcos chilenos el bloqueo de El Callao. El General San Martín en el ínter tanto había rehusado entablar combate con el enemigo en Lima y, el 30 de octubre de 1820,[55] decidió trasladar sus tropas desde Pisco hacia Ancón, al norte de Lima, sólo una semana antes del ataque nocturno de Cochrane sobre El Callao. Luego, a la consternación de Cochrane, San Martin decidió reembarcar a sus tropas, cuyo número ya había menguado considerablemente, a causa de la fiebre, en los buques de transporte del Capitán Délano y desembarcarlos en Huacho, el 9 de noviembre de 1820.[56] San Martín

à autant de bateaux possible et de les amener à pleine mer, détruisant ceux qui étaient obligés de rester en arrière.[52] Sur le bateau-guide de Lord Cochrane voyageait le fils aîné du Capitaine Délano, maintenant un garçon de quatorze ans, l'aspirant Paul Hinckley Délano.[53] L'attaque surprise réussit et le plus important trophée fut la frégate espagnole de 44 canons, "l'Esmeralda", le meilleur et plus puissant vaisseau amiral de la flotte espagnole de ce côté-çi de l'Océan Pacifique. Une fois que "l'Esmeralda" fut à sauf dans les mains chiliennes, elle fut inclue dans l'Escadre chilienne et re-baptisée sous le nom de "Valdivia".

La frégate "Lautaro", fut mise à ce moment-là sous les ordres du Capitaine Paul Délano[54] et tous les bâteaux chiliens reprirent le blocus de "El Callao". Le Général San Martin avait refusé d'entrer en bataille avec l'ennemi à Lima et, le 30 octobre 1820[55] décida de déménager ses troupes de Pisco à Ancon, au nord de Lima, à peine une semaine avant l'attaque nocturne à El Callao. Alors, à la grande consternation de Cochrane, San Martín décida de ré-embarquer ses troupes considérablement diminuées à cause de la fièvre qui s'était propagée amplement, dans les bateaux du Capitaine Délano et les débarquer ensuite à Huacho le 9 novembre 1820.[56] San Martín avait attendu presqu'un an sans attaquer, préférant une solution politique du conflit plutôt qu'entrer en bataille. Finalement, les Royalistes, découragés par le manque de renforts de la mère patrie, s'enfuirent vers les montagnes, abandonnant la ville de Lima. Comme résultat du redoublement des différences d'opinion sur la conduite de la guerre, une grande animosité grandit entre Cochrane et San Martin, au détriment de la cause patriote.

Pendant ce temps, Cochrane et ses capitaines avaient vu augmenter ses inquiétudes à cause de l'éreintant blocus de huit mois, le manque absolu de provisions fraîches et le manque de paiement aux équipages de l'Escadre Navale complète. Le 18 avril, le Capitaine Paul Délano,

attack gave the patriots a much needed victory.

Returning to the port of El Callao, this time around, Lord Cochrane had the manpower and the warships needed for an effective blockade of the Peruvian port and hoped for a decisive naval battle. His goal was to draw out the Spanish ships at anchor in the bay under the protection of the batteries. Instead of presenting battle, the Spanish ships stayed, annoyingly, in the safe haven provided by the Peruvian port.

Two months passed and, in the dark of the night of November 5, 1820,[51] Cochrane launched a daring attack with fourteen small boats against the Spanish ships in El Callao. His purpose was to cut free as many enemy ships as possible and sail them out to sea, destroying the ones he was forced to leave behind.[52] In Lord Cochrane's lead boat went Captain Delano's oldest son, now a boy of fourteen, the Midshipman Paul Hinckley Delano.[53] The surprise attack was successful and the biggest trophy was the Spanish 44 gun frigate, "Esmeralda", the best and most powerful enemy flagship that side of the Pacific Ocean. Once the "Esmeralda" was safe in Chilean hands it was added to the Chilean Squadron and renamed "Valdivia".

The frigate, "Lautaro", was now put under the command of Captain Paul Delano,[54] and all Chilean ships resumed the blockade of El Callao. General San Martin had refused to engage the enemy in Lima and, on October 30, 1820,[55] he decided to move his troops from Pisco to Ancon, north of Lima only one week before Cochrane's night attack on El Callao. Then, to Cochrane's consternation, San Martin decided to re-board his troops, whose numbers had dwindled considerably because of widespread fever, onto Captain Delano's transports and landed them in Huacho on November 9, 1820.[56] San Martin had waited for almost a year without attacking, preferring a

Cochrane's small boat attack on the "Esmeralda" in El Callao, Perú, November 5, 1820.

51 *Archivo Historico Naval.* " ViceAlmirante Lord Thomas Alexander Cochrane". v. 1 t. 6 p. 139

52 Ibid. v. 1 tomo 4 pp. 78-79

53 *Archivo Historico Naval.* "ViceAlmirante Lord Thomas Alexander Cochrane". v. 1 t. 4 p. 91

54 Rodrigo Fuenzalida Bade. *La Armada de Chile* ... v. 1 p. 188

55 Ibid. v. 1 p. 181

56 Ibid. v. 1 p. 187

había evitado atacar a los Españoles durante casi un año, buscando un acuerdo político preferiblemente a exponer sus tropas a una batalla. Finalmente, los realistas, desanimados ante la falta de refuerzos provenientes de la Madre Patria, huyeron a las montañas, dejando abandonada la ciudad de Lima. Como resultado de las crecientes diferencias de opinión sobre la forma correcta de conducir la guerra, se incrementó la enemistad entre Cochrane y San Martín, en perjuicio de la causa patriota.

Mientras tanto, Cochrane y sus capitanes habían aumentado considerablemente su desaliento a causa de mantener el agotador bloqueo de El Callao, por mas de ocho meses, sumando la absoluta carencia de provisiones frescas y al descontento general de la marinería causado por los salarios caídos.

El 18 de abril de 1821, el Capitán Délano desde su barco, el "Lautaro", anclado en Salinas, escribió a Cochrane una apremiante correspondencia en la que le indicaba que su familia había llegado a Valparaíso, Chile, el 15 de febrero de 1821 y que se encontraban completamente desamparados; que el gobierno de Chile le reconocía una deuda de 5.000 pesos, pero rehusaba pagarle a su agente en Valparaíso 500 pesos sin que él (Délano) estuviese presente; que él había servido ahora 2 años y 10 meses y todo lo que él había recibido como sueldo eran 750 pesos; que había tenido que vender su sextante para ayudar al equipamiento de la Expedición Libertadora, le solicitaba a Lord Cochrane que si necesitaba enviar a alguien en misión a Chile, lo designara, para pudiese ir a Valparaíso e instalar a su familia.[57]

Para el 24 de julio de 1821, Cochrane planeó y llevó a cabo un segundo ataque por sorpresa a El Callao, capturando con éxito a los navíos españoles "Milagro", "Resolución", "San Fernando", y a otros tres barcos pequeños.[58] San Martín y su ejército entraron triunfantes en la ciudad abandonada de Lima, sin disparar un solo tiro. El 28 de julio de 1821 fue declarada la Independencia de Perú. El 3 de agosto de 1821, el General San Martín se auto proclamó Protector de Perú.[59]

El 2 de septiembre de 1821, el Capitán Délano, coman-

de son bateau, le "Lautaro", ancré à Salinas, écrivit à Cochrane une lettre désespérée dans laquelle il mentionne que sa famille est arrivée à Valparaíso, au Chili, le 15 février 1821 et se trouve complètement dénuée de ressources; que le Gouvernement du Chili lui a reconnu une dette de 5000 pesos, mais qu'il refuse de payer à son agent à Valparaíso 500 pesos si lui [Délano] n'est pas présent; que cela fait maintenant deux ans et dix mois qu'il est en service et que jusqu'ici il n'a reçu que 750 pesos; qu'il a du vendre son sextant pour aider à compléter l'Expédition; et qu'il demande que si Lord Cochrane doit envoyer quelqu'un en mission au Chili, il l'envoie à lui afin d'installer sa famille.[57]

Le 24 juillet 1821, une seconde attaque-surprise fut organisée par Lord Cochrane contre El Callao, faisant disparaître avec succès de la baie les navires espagnols "Milagros", "Resolución", "San Fernando", et trois autres petits bâteaux.[58] San Martín et son armée entrèrent dans la ville abandonnée de Lima. L'Indépendance du Pérou fut déclarée le 28 juillet 1821. Le 3 août 1821, le Général San Martín se proclama lui-même Protecteur du Pérou.[59]

Le 2 septembre 1821, le Capitaine Délano, Commandant de la frégate "Lautaro", écrivit à Cochrane:

> Autant les officiers comme les hommes de l'équipage se montrent insatisfaits, étant restés un long temps en croisière, et en ce moment, sans viande et sans alcool et sans paie, ils ne peuvent plus se suffire, quoique, bien qu'affamés, ils ont tout supporté sans un murmure.
>
> L'équipage du bateau a maintenant refusé toute obligation à compte d'une courte permission. Le dernier "charqui" (viande de boeuf salée) qu'ils ont obtenue était pourrie et pleine de vermine. Ils sont complètement dépourvus de vêtements et persistent dans leur résolution de n'accomplir aucune obligation jusqu'à ce qu'ils ne reçoivent en change autre chose que des promesses si souvent rompues et qu'ils n'accepteront pas de

General José de San Martín

Chilean Squadron blockading El Callao, Peru.

Cochrane's 2nd attack to El Callao, Perú

political settlement of the conflict rather than having to do battle. Finally, the Royalists, despondent at the lack of reinforcements from the mother country, fled to the mountains, abandoning the city of Lima. As a result of the increasing differences of opinion in conducting the war effort, a great animosity grew between Cochrane and San Martin to the detriment of the patriot cause.

In the meantime, Cochrane and his Captains had grown restless because of the eight-month-long, grueling blockade duty, the absolute lack of fresh provisions and the non-existent pay for the crews of the entire Naval Squadron. On April 18, 1821, Captain Delano from his ship, the "Lautaro" anchored in Salinas, wrote Cochrane a desperate letter in which he stated that his family had arrived in Valparaiso, Chile [on February 15, 1821] and were quite destitute; that the government of Chile acknowledged a debt to him of 5000 pesos but refused to pay his agent in Valparaiso 500 pesos without him [Delano] being present; that he had served now two years and 10 months and all he had received was 750 pesos; that he had to sell his sextant to help outfit the Expedition; requesting that if Lord Cochrane needed to send anyone on a mission to Chile, he would appoint him so that he could go and settle his family.[57]

Lord Thomas Alexander Cochrane

By July 24, 1821, a second surprise attack on El Callao was planned and executed by Cochrane, successfully cutting out of the harbor the Spanish vessels, "Milagro", "Resolucion", "San Fernando", and other three small ships.[58] San Martin and his Army entered the abandoned city of Lima without firing a shot. The Independence of Peru was declared on July 28, 1821. On August 3, 1821 General San Martin proclaimed himself

57 Paul Delano to Lord Cochrane. Salinas, April 18, 1821. Dundonald Muniments. Scottish National Records Office, document 761.

58 *Archivo de Don Bernardo O'Higgins*. v. 15 p. 305

dante de la fragata "Lautaro" escribió a Cochrane:

> Los oficiales al igual que los hombres están insatisfechos, ya que habiendo permanecido tanto tiempo navegando, y estando en estos momentos sin ninguna clase de carne o de alcohol, y sin haber percibido sus salarios, ya no pueden mantenerse por sí mismos durante más tiempo, aunque, casi muertos de hambre, lo hayan soportado todo sin una queja.
>
> La tripulación ha rechazado ahora de forma absoluta cualquier obligación a cuenta de una breve concesión. El último charqui (carne seca) que comieron estaba repleto de gusanos. Están totalmente desprovistos de ropa y persisten en su propósito de no llevar a cabo sus obligaciones hasta que se les suministre carne y bebidas alcohólicas, alegando que han invertido su tiempo por nada a cambio excepto promesas tan frecuentemente quebrantadas que no serán diferidas por más tiempo.
>
> En ausencia de vuestra señoría, me tomé la libertad de escribir al Gobierno [de Chile] y que conocieran sus quejas, pero el Ministro de la Marina no me dio siquiera una respuesta.
>
> La mayor parte han abandonado ahora la nave y han bajado todos a tierra, así que bajo las circunstancias existentes, y con el descontento de los oficiales y de la tripulación restante, no me hago responsable por cualquier accidente que pueda ocurrirle a la nave, hasta que estas dificultades desaparezcan, ya que los cables están deteriorados y no son confiables, además no tenemos un ancla adecuada para sostenerla.
>
> Paul Délano , Capitán"[60]

El 12 de septiembre de 1821, Délano escribió de nuevo a Cochrane desde su barco "Lautaro", todavía anclado en Ancón, una nueva nota manifestando que había cargado al "Aranzazú" (el bergantín correo) con pan y arroz, únicos insumos que tenía disponible, a excepción de sus propios suministros, buenos para tan solo 15 días. Declaró que no había sido capaz de conseguir ni siquiera una libra de carne de res o de carne de cerdo para los marineros ingleses. A

faux-fuyants.

> *En absence de Votre Seigneurie, j'ai pris la liberté d'écrire au Gouvernement [du Chili] et de faire savoir leurs plaintes, mais le Ministre de la Marine ne m'a même pas donné de réponse.*
>
> *La plus grande partie a quitté le bâteau et est allée à terre; vue les circonstances actuelles et le grand mécontentement qui existe parmi les officiers et les restants de l'équipage, je ne me fais pas responsable pour le moindre accident qui pourrait arriver au bateau jusqu'à ce que ces difficultés soient résolues, d'autant plus que les cables sont en mauvais état et peu confiables et nous n'avons même pas d'ancre suffisante pour le maintenir en place.*
>
> *Paul Délano, Capitaine.*[60]

Le 12 septembre 1821, Délano écrivit à nouveau à Cochrane, depuis son bateau "Lautaro", encore ancré à Ancon, une nouvelle note, soulignant qu'il a chargé le "Ararizazu" (le brick courrier) avec pain et riz, les seules provisions qu'il a disponibles, sauf ses propres rations, suffisantes seulement pour quinza jours. Il spécifie qu'il n'a même pas pu obtenir une livre de viande ou de porc des marins anglais. A cause de cela, les marins ont abandonné le bateau. Il lui reste seulement le timotier et quelques marins malades. Il n'a pas d'autre alternative que de quitter Ancon et se ré-approvisionner à El Callao, aussitôt qu'il aura terminé de réparer le mât d'une petite corvette.[61]

Le 29 septembre 1821, San Martín écrivit à O'Higgins depuis Lima une longue lettre blâmant les actions unilatérales de Cochrane après la chute de Lima. Presqu'à la fin de la lettre, il mentionne le Capitaine Délano, l'appelant "un autre démon comme Cochrane. C'est [Délano] l'homme le plus diabolique que nous avons dans l'Escadre".[62] Les commentaires mal intentionnés de San Martín contre Cochrane et Délano venaient de la situation continue des dettes aux marins. San Martín, après avoir écouté que les Royalistes et leurs partisans

Protector of Peru.[59]

On September 2, 1821, Captain Delano, commander of the frigate "Lautaro", wrote Cochrane:

> The officers as well as the men are dissatisfied, having been a long time on the cruise, and at present without any kind of meat or spirits, and without pay, so that they are not able to provide for themselves any longer, though, until starved, they have borne it without a murmur.
>
> The ship's company have now absolutely refused duty on account of short allowance. The last charqui (dried beef) they got was rotten and full of vermin. They are wholly destitute of clothing, and persist in their resolution not to do duty till beef and spirits are supplied, alleging that they have served their time, with nothing but promises so frequently broken that they will be no longer put off.
>
> In your Lordship's absence I took the liberty to write to the Government [of Chile] and make their complaints known, but the Minister of Marine did not even give me an answer.
>
> The greater portion have now left the ship and are all gone ashore, so that under existing circumstances, and with the dissatisfaction of the officers and the remainder of the ship's company I do not hold myself responsible for any accident that may happen to the ship until these difficulties are removed, as the cables are bad and not to be trusted to, and we have no anchor sufficient to hold her.
>
> Paul Delano, Captain[60]

On September 12, 1821, Delano wrote again to Cochrane from his ship "Lautaro", still at anchor in Ancon, a new note stating that he had loaded the "Aranzazu" (the mail brig) with bread and rice, the only supplies he had available, except his own rations, good for only fifteen days. He stated that he had not been able to get even one pound of beef or pork for the English sailors. Because of this the sailors had abandoned ship. He had

---

59. Rodrigo Fuenzalida Bade. *La Armada de Chile* . . . . v. 1 p. 208

60. Thomas Alexander Cochrane. *Narrative of Services* . . v. 1 p. 152

causa de esto, los marinos habían abandonado la nave. Le quedaba tan solo el timonel y unos pocos marinos enfermos. No le quedaba más alternativa que dejar Ancón y reabastecerse en El Callao tan pronto como hubiese concluido la reparación de un mástil en una goleta.⁶¹

El 29 de septiembre de 1821, San Martín escribió una larga carta a O´Higgins desde Lima, condenando las acciones unilaterales de Cochrane tras la caída de Lima. Casi al finalizar la carta, singularizó al Capitán Délano, llamándolo "otro demonio como Cochrane". "Él [Délano] es el hombre más diabólico que tenemos en la Escuadra⁶²."

Los malintencionados comentarios de San Martín contra Cochrane y Délano eran el resultado de un permanente descontento mantenido en la Escuadra por el dinero adeudado a los marineros. San Martín, tras conocer que los realistas y sus partidarios estaban intentando reconquistar la ciudad de Lima, había enviado un tesoro confiscado de oro y plata, para mantenerlo en un lugar seguro a bordo del "Sacramento", una goleta personal del Protector, anclada en Ancón. El Capitán Délano había alertado a Cochrane sobre la existencia del tesoro y entre ambos, resolvieron pagar a sus hombres y reponer los suministros agotados de la Escuadra que se necesitaban desesperadamente. El Capitán Délano escribió una nota de advertencia a Cochrane desde su barco, la "Lautaro", anclada cerca de la goleta "Sacramento", en la Bahía de Ancón, el 14 de septiembre de 1821:

> Mi Lord,
>
> Por la información que tengo y lo que he visto, tengo motivos para sospechar que se está urdiendo un plan por parte de algunos componentes de nuestra tripulación en unión con algunos de otros barcos para atacar al "Sacramento" por vía de pagarse ellos mismos, ya que es bien conocido que la nave posee una gran cantidad de dinero a bordo, que pertenece al gobierno [peruano], pero hemos mantenido una estrecha vigilancia sobre ella ["Sacramento"], en ausencia de vuestra señoría.
>
> Paul Délano, Capitán⁶³

revenaient pour ré-capturer la ville de Lima, avait envoyé un important trésor espagnol en or et en argent à la golette personnelle du Protecteur, "Sacramento", ancrée à Ancon. pour le mettre en sûreté. Le Capitaine Délano avait alerté Cochrane sur l'existence de ce trésor, et, entre eux deux, conspirèrent pour payer leurs hommes et de se ré-approvisionner de vivres désespéremment nécessaires pour l'Escadre chilienne. Le Capitaine Délano écrivit un note d'avertissement à Cochrane depuis son bateau, le "Lautaro", ancré près du "Sacramento" dans la baie de Ancon le 14 septembre 1821:

> Monseigneur,
>
> D'après certaines informations que j'ai reçues et après ce que j'ai pu observer, j'ai des raisons pour suspecter qu'est en train de se former un plan, dans certains de nos bateaux en union avec d'autres, pour prendre par assaut le "Sacramento", comme forme de se payer eux-mêmes les salaires dus, car il est bien connu qu'il se trouve une grande somme d'argent à bord, appartenant au gouvernement [péruvien], dont j'ai pris soin en l'absence de vôtre Seigneurie (sic).
>
> Paul Délano, Capitaine.⁶³

Corroborant les soupçons de Délano, Cochrane avait reçu du Capitaine Crosby de son propre vaisseau amiral, le "O'Higgins", une note de l'équipage du bateau, qui dit comme suit:

> Monsieur,
>
> C'est la requête de nous tous, membres de l'équipage du bateau de vous faire savoir que c'est notre désir d'informer votre Seigneurie que le General San Martín nous a promis (sic) une gratification de 50.000 dollars et le total de la frégate espagnole "Ismeralda" (sic), et le sentiment de nous tous, est que si San Martín a quelque peu d'honneur (sic) il ne brisera pas sa promesse jusqu'à l'avoir satisfaite par complet (sic).

The City of Lima, Perú.

only the helmsman and a few sick sailors left. He had no alternative but to leave Ancon and re-supply at Callao as soon as he finished repairing a mast on a sloop.[61]

San Martin wrote to O'Higgins from Lima on September 29, 1821, a very long letter condemning Cochrane's unilateral actions after the fall of Lima. At the very end of the letter, he singled out Captain Delano, calling him "another devil like Cochrane. He is [Delano] the most evil man we have in the Squadron".[62] San Martin's vicious comments against Cochrane and Delano stemmed from the continuing circumstances concerning monies owed to the sailors. San Martin once hearing that the Royalists and their supporters were returning to recapture the City of Lima had sent a large treasure of Spanish gold and silver for safe keeping aboard the Protector's private schooner "Sacramento" anchored at Ancon. Captain Delano had alerted Cochrane as to the existence of the treasure, and, between them, they conspired to pay their men and replenish the desperately needed supplies of the Chilean naval squadron. Captain Delano wrote a warning note to Cochrane from his ship, the "Lautaro", anchored near the "Sacramento" in the Bay of Ancon on September 14, 1821:

> *My Lord,*
>
> *By the information that I have and what I have seen I have reason to suspect that a plan is in contemplation by some of our ships company in union with some others to take out the "Sacramento" by way of paying themselves, as it is well known she has a large sum of money on board, belonging to the government [Peruvian] but have kept a good look out for her, in your Lordships absence (sic).*
>
> *Paul Delano, Captain*[63]

Corroborating Delano's suspicions on the above, Cochrane had

---

61 Luis Uribe Orrego. *Nuestra Marina Militar.* Valparaiso: Talleres Tipograficos de la Armada 1910 p. 264

62 *Archivo de Don Bernardo O'Higgins,* trans. v. 8 p. 200

63 Paul Delano to Lord Cochrane. On board C. S. S. "Lautaro" at anchor in the Bay of Ancon, Peru September 14, 1821. Epistolario de Cochrane. No. Inv. 06-61

Confirmando las sospechas del Capitán Délano sobre lo antes mencionado, Cochrane había recibido de parte del Capitán Crosby, Capitán de su propio buque insignia, el "O´Higgins", una nota recibida de la tripulación que reza así:

Señor,

Es deseo de todos nosotros, quienes conformamos la tripulación, informarle que desearíamos poner en conocimiento de su Señoría que el General San Martín nos prometió una subvención de 50.000 dólares y el valor total de la fragata española "Esmeralda"; el único pensamiento de todos nosotros es que si San Martín tuviese honor alguno, no rompería sus promesas y que las hubiese cumplido desde hace tiempo.

La tripulación del "O´Higgins"[64]

El 15 de septiembre de 1821[65], Cochrane, sin muchas mas contemplaciones, tomó formal posesión del tesoro que estaba a bordo del "Sacramento" en custodia para el Protector, quizás como adelanto de una sublevación en espera de suceder. Cochrane y sus Capitanes se aseguraron que el tesoro del "Sacramento" fuese contado de forma apropiada, incluso devolviendo dinero a los propietarios locales particulares, y enviando a Valparaíso, al Ministro de la Marina, la cuenta total del dinero incautado, incluyendo todos los comprobantes de desembolso. La cantidad de 285.000 dólares "fue escrupulosamente aplicado al pago de los atrasos de un año a cada individuo de la Escuadra".[66]

Las ásperas e irritables relaciones entre Cochrane y San Martín habían llegado finalmente a un punto peligroso para los Patriotas. Cochrane no sólo rehusó reconocer de ahí en adelante a San Martín como su oficial superior, sino también lo etiquetó como enemigo de Chile.[67]

El Capitán Délano era un oficial de la entera confianza de Cochrane, perfectamente enterado de todas las intensas rivalidades políticas que mantenían los líderes patriotas, como se puede constatar en una carta secreta, fechada el 15 de noviembre de 1821, la cual delata sobre cuánto se había desviado San Martín de su propósito original, una vez que se había firmemente consagrado a sí mismo como

Equipage du vaisseau "O'Higgins".[64]

Le 15 septembre 1821,[65] Cochrane prit possesion du trésor qui se trouvait à bord du "Sacramento" pour le Protecteur, sans aucune cérémonie, peut-être s'anticipant à une mutinerie qui allait se produire d'un moment à l'autre. Cochrane et ses Capitaines s'assurèrent que le trésor du "Sacramento" soit correctement compté, restituant même de l'argent à certains propriétaires privés locaux, et envoyant à Valparaiso, au Ministère de la Marine, le compte complet de l'argent saisi ainsi que les pièces justificatives des déboursements. Le montant de 285.000 dollars "fut postérieurement appliqué au paiement à l'arrière d'un an de salaire pour chaque individu de l'Escadre [chilienne].[66]

Les relations jusqu'ici acrimonieuses et irritables entre Cochrane et San Martín arrivaient finalement à un point dangereux pour les Patriotes. Cochrane, non seulement refusa de reconnaître San Martín comme son officier supérieur, mais de plus il l'étiqueta d'ennemi du Chili.[67]

Le Capitaine Délano était un officier supérieur dans l´équipe de Cochrane, complice de toute la politique de l'entourage des chefs de l'Expédition, comme indique une lettre secrète datée du 15 novembre 1821 qui montre combien San Martín s'était dévié de son projet original, une fois fermement établi par lui-même comme Protecteur du Pérou:

Mon cher ami Lord Cochrane.

Vos notes privées apportées par le Aranzazu (bateau courrier) auxquelles j'ai déjà répondu, m'ont fait sentir très prudent quant aux conséquences des procédures postérieures, mais vos faveurs du 5 et 7 du mois dernier m'ont un peu tranquillisé bien que ma surprise a augmenté (sic) quant à la ligne de conduite observée à votre sujet. Cependant, je vous ratifie tout ce que je vous ai écrit (sic) dans ma dernière lettre et mon approbation

received from Captain Crosby of his own flagship, the "O'Higgins", a note from the Ship's company, which read as follows:

> Sir,
>
> It his (sic) the request of us all in the Ship's Company to inform you that we would wish to acquaint his Lordship that we was (sic) promised by General San Martin to receive a bounty of 50,000 dollars and the Total Amount of the Spanish Frigate "Ismeralda" (sic), it his (sic) the Sole thought of us all that if San Martin had any Honure (sic) he would not brek (sic) his promises wish (sic) out to have fulfilled Long a go (sic).
>
> Ship's Company of "O'Higgins".[64]

On September 15, 1821[65] Cochrane unceremoniously took formal possession of the treasure held on board the "Sacramento" for The Protector, perhaps in anticipation of a mutiny that was waiting to happen. Cochrane and his Captains made sure that the "Sacramento" treasure was properly counted, even returning money to local private owners, and sending to Valparaiso, to the Minister of Marine, the whole account of the money seized including the disbursement vouchers. The amount of $285,000 dollars "was subsequently applied to the payment of one year's arrears to every individual of the [Chilean] squadron".[66]

The acrimonious and testy relationship between Cochrane and San Martin had come finally to a dangerous point for the Patriots. Cochrane not only refused to further recognize San Martin as his superior officer but also labeled him an enemy of Chile.[67]

Captain Delano was a senior member on Cochrane's staff, privy to all the intense politics surrounding the leaders of the Expedition, as a secret letter dated November 15, 1821 indicat-

Seizing of the "Sacramento" treasure in Ancon

64 Thomas Alexander Cochrane. *Narrative of Services* . . .. v. 1 p. 154
65 Rodrigo Fuenzalida Bade. *La Armada de Chile* . . .. v. 1 p. 213
66 Thomas Alexander Cochrane. *Narrative of Services* . . .. v. 1 p. 157
67 Rodrigo Fuenzalida Bade. *La Armada de Chile* . . .. v.1 p. 213

Protector del Perú:

Mi querido amigo Lord Cochrane,

Sus notas personales que me llegaron a través del Aranzazú (el bergantín correo) que ya he respondido, me volvieron muy capcioso acerca del final de los procedimientos posteriores, pero con su correspondencia de el 5 o 6 del pasado mes me siento un poco más tranquilo, aunque siempre aumenta mi sorpresa en lo que se refiere a la línea de conducta observada acerca de usted. Por lo tanto me remito nuevamente a todo lo que le he escrito en mi última carta y ratifico firmemente mi aprobación a todo lo que usted ha practicado en las difíciles circunstancias que usted me ha anunciado.

Para mí sería terrible la pérdida de Guayaquil, pero tal accidente debería proporcionar a usted y a Chile algunas glorias y ventajas más. Si la pérdida se hace efectiva y usted debe pensar que podría suceder _____ , sería conveniente adquirir Puna[á] [una isla a la entrada del Golfo de Guayaquil] o algún otro punto equivalente, para izar [la] bandera chilena y, según su informe, yo podría enviarle 500 hombres e incluso más si debería haber algunos hombres de bienes que pudiesen anticipar 60 dólares [en oro] en efectivo para impresiones [de papel moneda] del país para los gastos de la expedición. Estando Guayaquil en nuestro poder, las islas Galápagos (que ahora pertenecerán a la primera bandera Sudamericana que tome posesión de ellas) y añadiendo la "Prueba" y la "Venganza" _____ dictaremos la ley y la impondremos. Estoy seguro que trabajará con prudencia y obtendrá el éxito acostumbrado en usted y entonces, nosotros y el país estaremos felices.

Estoy contento con la llegada de la "Lautaro" y del "Galvarino" y verlos libres de seductores [San Martín]. Ahora pienso en la expedición a Chiloé [último baluarte español] aunque estoy necesitado de todo y la "Lautaro" no está adecuada para esos mares; pero Chiloé es muy valioso en el balance de este Estado y donde el buen observador encontrará después de todo muchos _____ en ello como la esperanza renace.

(sic) *pour tout ce que vous avez fait* (sic) *dans les difficiles circonstances* (sic) *que vous m'annoncez.*

La perte de Guayaquil serait terrible pour moi, mais cet accident peut vous proportionner à vous et au Chili certaines autres gloires et bénéfices. Si la perte est effective et vous semblez trouver qu'elle l'est, il serait acceptable de prendre Puna [une île à l'entrée de la Baie de Guayaquil] ou tout autre point équivalent, afin de hisser le pavillon chilien, et à votre appel, je pourrais vous envoyer cinq cent hommes et même plus s'il y avait une personne riche qui pourrait avancer 60 (en or) dollars en liquide pour imprimer des papiers monnaie du pays pour les frais de l'expédition. Etant Guayaquil en notre pouvoir les îles des Galapagos (qui appartiennent au premier pavillon d'Amérique qui a pris le contrôle d'elles) et y ajoutant la « Prueba » et la « Venganza » nous ferions la loi et pourrions l'imposer. Je suis sûr que vous travaillerez avec la prudence et bons résultats habituels en vous et ainsi, autant nous comme le pays seront heureux.

Je suis content de l'arrivée du « Lautaro » et du « Galvarino » et de les voir hors de la portée des corrupteurs [San Martin]. A présent je pense à l'expédition sur Chiloe [le dernier bastion espagnol] bien que je sois à court de tout et que le « Lautaro » n'est pas très approprié pour ces mers ; mais Chiloe est très précieux dans la balance de cet Etat, et où un bon observateur trouvera après tout plusieurs _____ commettage plein d'espoirs.

L'ingrat Founier n'a remis aucun compte sur le prix qu'il fit et vendit à _____ Je réclamerai au gouvernement de Lima de prendre des actions contre ce coquin.

Que Dieu vous accorde santé et bonheur dans votre nouvelle propriété pour votre plus grand honneur et ceci de la part de votre sincère et perpétuel ami.

PD[68]

San Martin avait décidé de saper l'Escadre Navale chilienne, afin de construire sa propre Marine péruvienne,

ed how much San Martin had deviated from his original purpose, once he had firmly established himself as Protector of Peru:

> My Dear Friend Lord Cochrane.
>
> Your private notes brought to me by the Aranzazu [mail brig] that I have already answerd (sic), had me very careful about the end of the posterior procedures, but by your favor of the 5th and 7th of last month I am little more tranquilized all though always encreases (sic) my surprize (sic) at the line of conduct observed about you. Therefore, I refer myself again to all what I have writen (sic) you in my last letter and I do ratify my aprobation (sic) in all what you have practised (sic) in the difficult circunstances (sic) that you announce [to] me.
>
> It will very terrible to me the loss of Guayaquil but such accident might proporcion (sic) you and Chile some more glories and advantages. If the loss is effective and you should find that it might ____ it, it would be convenient to take the Puna [an island at the entrance of Guayaquil Bay] or some other point equivalent, to hoist the Chile [an] flag, and at your advise I could send you five hundred men and even more if there should be some men of propperty (sic) that could advance 60 [gold] dollars in cash for prints [paper money] of the country for the expenses of the expedition. Being Guayaquil in our power the islands of the Galapagos (that now will belong to the first South American flag that takes hold of them) and by adding the "Prueba" and "Venganza" ____ we shall give the law and impose it. I am sure you will work with the prudence and good success that is in use to you and then we and the country will be happy.
>
> I am glad of the arrival of the "Lautaro" and "Galvarino" and to see them free from seducers [San Martin]. Now I think on the expedition to Chiloe [last Spanish stronghold] though I am in want of everything and the "Lautaro" is not very fit for those seas; but Chiloe is very valuable in the balance of this State, and where the good observer will meet afterwards many ____ in that as hope lays.

El ingrato Founier no ha rendido cuentas sobre el precio que él fijó y vendió a _____ Yo haré una reclamación formal al Gobierno de Lima contra este villano.

Que Dios le conceda mucha salud y felicidad en su nueva propiedad para engrandecer su honor, y eso, de parte de su sincero y eterno amigo.

PD[68]

San Martín había decidido desmontar la Escuadra chilena con el fin de crear su propia armada peruana, a costa de los chilenos, pensando al mismo tiempo de liberarse del obstinado Cochrane. Con este propósito San Martín envió a sus más estrechos colaboradores al puerto de El Callao, con instrucciones precisas de ofrecerle a todos los oficiales y miembros de la tripulación que quisieran renunciar, salarios dobles y promociones en la nueva armada peruana. Veintitrés oficiales accedieron a participar, incluyendo un teniente de navío que se llevó consigo todas las señales secretas del escuadrón naval.[69]

Cochrane se vio forzado a reorganizar a sus oficiales y la tripulación que le permanecieron fieles con el fin de preservar el Escuadrón Naval Chileno, arreglándoselas para mantener a la mayoría de sus antiguos barcos bajo su mando. Cochrane ordenó al Capitán Délano regresar a Valparaíso al mando de la fragata "Lautaro", presumiblemente para que pudiera arreglar su critica situación familiar.[70]

La Escuadra Naval chilena bajo el mando de Cochrane continuó patrullando el Pacífico. El 8 de octubre de 1821 puso rumbo a Guayaquil, buscando a las fragatas "Prueba" y "Venganza", las dos embarcaciones enemigas que le quedaban a los Españoles. La escuadra navegó todo el trayecto hacia la costa de California, llegando a Acapulco el 2 de febrero de 1822.[71] Sin saberlo Cochrane, las fragatas españolas se habían rendido a los Patriotas en Guayaquil el 15 de febrero de 1822.[72] Al regresar de su crucero a Guayaquil, el 10 de marzo e 1822, Cochrane al fin encontró a una de sus presas en el puerto, la fragata "Venganza", lamentablemente enarbolando la bandera peruana. Más tarde localizó a la fragata "Prueba" en el puerto de El Callao, bajo la misma bandera. Cochrane, incapaz de reclamar las fraga-

aux dépens des chiliens, se débarrassant en même temps de l'obstiné Cochrane. Dans ce but, San Martin envoya ses plus proches aides au port de El Callao avec instructions d'offrir à tous les officiers et membres de l'équipage qui désiraient déserter, salaires doubles et promotions dans la nouvelle Marine péruvienne. Trente trois officiers sautèrent du bateau, y compris un lieutenant qui prit avec lui les signaux secrets de l'escadre marine.[69] Cochrane fut obligé de réorganiser le restant de ses officiers et équipages pour équiper l'Escadre Navale chilienne avec ses loyaux partisans, s'arrangeant pour garder la plus grande partie de ses premiers bateaux sous ses ordres. Cochrane ordonna au Capitaine Délano de retourner avec sa frégate « Lautaro » à Valparaiso.[70]

L'Escadre Navale chilienne, sous les ordres de Cochrane continua à patrouiller l'Océan Pacifique, à la recherche des frégates "Prueba" et "Venganza", les deux seuls bâteaux ennemis restants. L'Escadre parcourut les côtes vers la Californie et arriva à Acapulco le 2 févier 1822.[71] Sans que Cochrane le sache, les frégates espagnoles s'étaient rendues aux Patriotes le 15 février 1822[72] à Guayaquil. A son retour à Guayaquil, le 1° mars 1822, Cocrane trouva une de ses proies, la frégate "Venganza" battant pavillon péruvien. Plus tard, il trouva l'autre frégate "Prueba", au port de El Callao sous le même pavillon. Cochrane, dans l'impossibilité de réclamer les frégates espagnoles pour le Chili, retourna avec l'Escadre à Valparaíso, le 13 juin 1822,[73] où il fut reçu comme un héro.

De retour à Valparaíso en 1821,[74] le Capitaine Délano fut chargé par le Gouvernement de la construction du premier embarcadère[75] dont le dessin et planification portaient sa propre rubrique. L'embarcadère flottant pouvait être halé quand les Vents du Nord (la baie de Valparaíso est ouverte au Nord) devenaient dangereux. Cet embarcadère servit la communauté maritime durant plus de trois décennies dans cet important port

> *The ungrateful Founier has not rendered any accounts about the price he made and sold to ____ I will claim to the Lima government against this villain.*
>
> *God grant you as much health and happiness in your new property for your greater honor and that of your sincere and eternal friend.*
>
> *PD*[68]

After the battle

San Martin had decided to undermine the Chilean Naval Squadron in order to build his own Peruvian Navy, at the expense of the Chileans, and at the same time ridding himself of the obstinate Cochrane. For this purpose San Martin sent his closest aides to the port of El Callao with instructions to offer all officers and crewmembers who wanted to defect, double salaries and promotions in the new Peruvian Navy. Twenty-three officers jumped ship, including one lieutenant who took the secret signals of the naval squadron with him.[69] Cochrane was forced to reorganize his remaining officers and crews to man the Chilean Naval Squadron with his loyal followers, managing to keep most of his former ships under his command. Cochrane ordered Captain Delano to return with the frigate, "Lautaro", to Valparaiso.[70]

The Chilean Naval Squadron under Cochrane went on patrol on October 8, 1821 bound for Guayaquil, searching the Pacific Ocean for the frigates, "Prueba" and "Venganza", the two remaining Spanish enemy vessels. The Squadron sailed all the way to the California coast arriving at Acapulco on February 2, 1822.[71] Unknown to Cochrane in Acapulco, the Spanish frigates surrendered to the Patriots at Guayaquil on February 15, 1822.[72] Upon returning to Guayaquil on March 10, 1822, Cochrane found one of his preys, the frigate "Venganza" flying the Peruvian flag. Later he found the remaining frigate "Prueba", at the port of El Callao under the same flag. Cochrane unable

68 Paul Delano to Lord Cochrane. November 15, 1821. Epistolario Lord Cochrane. p. 296

69 Rodrigo Fuenzalida Bade. *La Armada de Chile* .... v.1 p 218

70 Francisco A. Encina. *Historia de Chile desde la Prehistoria hasta 1891*. Santiago: Editorial Nascimiento 1953 v. 8 p. 269

71 Carlos Lopez Urrutia. *La Escuadra Chilena en Mexico-1822*. Santiago: Editorial Francisco de Aguirre 1971 p. 50

72 Francisco A. Encina. *Historia de Chile* .... pp. 274-275

tas españolas para Chile, regresó con la Escuadra a Chile, para recibir una merecida bienvenida, propia de un héroe en Valparaíso, el 13 de junio de 1822.[73]

De regreso a Valparaíso con la "Lautaro" desde el Perú en 1821[74], el Capitán Délano fue encargado ahora por el gobierno de construir el primer muelle[75] del puerto, (bajo su propio diseño y planificación). Este ingenioso muelle flotante podía ser varado en la playa cuando azotaban los peligrosos vientos norteños (la bahía de Valparaíso está abierta al norte). Este sencillo muelle fue muy útil para la comunidad marítima durante muchas décadas sirviendo a este importante puerto chileno.[76]

Paul Délano continuó su carrera naval como Capitán Interino del puerto de Valparaíso, desde el 1 de marzo a septiembre de 1822, e inmediatamente después de ese cargo, el Capitán Délano asumió la posición de Comandante Interino de los Arsenales en Valparaíso, hasta el 23 de junio de 1823.[77]

El Congreso de los Estados Unidos de América reconoció formalmente, el 28 de marzo de 1822, la independencia y soberanía de las nuevas naciones, previamente conocidas como las Colonias Españolas en América.[78]

Unos meses más tarde, después de la famosa reunión con el Libertador, Simón Bolívar que tuvo lugar en Guayaquil, el 26 de julio de 1822[79], un desilusionado y enfermo San Martín, había renunciado en Lima al Protectorado, el 21 de septiembre de 1822, dejando a Bolívar la enorme tarea de acabar con la guerra. Arriba San Martín procedente de El Callao al puerto de Valparaíso el día 12 de octubre de 1822. San Martín comenzaba su largo periplo de regreso a casa cruzando una vez mas, la Cordillera de los Andes, camino a Mendoza. Posteriormente tomaría la ruta a Buenos Aires, la capital de las Provincias Unidas de Río de la Plata, desde donde se embarca a Europa en donde vivió en el exilio el resto de su existencia.[80]

Las guerras de Independencia finalmente habían concluído para los Generales San Martín y O´Higgins, dejando a Chile en una terrible y precaria condición económica. Mucho más tarde Simón Bolívar, sus Generales y sus tropas au-

chilien.[76] Il continua sa carrière navale comme Capitaine Provisoire au port de Valparaiso du 1er. Mars jusqu'en septembre 1822, et, immédiatement après avoir occupé ce poste, le Capitaine Délano servit comme Commandant Provisoire des Arsénaux à Valparaiso jusqu'au 23 juin 1823.[77]

Le 28 mars 1822 le Congrès des Etats-Unis d'Amérique reconnut en bonne et due forme l'indépendance et la souveraineté des nouvelles nations, connues auparavant comme les Colonies Espagnoles d'Amérique.[78]

Quelques mois plus tard, après la fameuse réunion avec Simon Bolivar, le Libérateur du nord, qui eu lieu à Guayaquil le 26 juillet 1822[79], un méconnaissable et souffrant San Martín, renonça à sa position à Lima le 21 septembre 1822, laissant à Bolivar la tâche de finir la guerre. Il arriva au port de Valparaíso le 12 octobre 1822. San Martín suivait son long voyage à travers les montagnes des Andes, via Mendoza en route pour Buenos Aires, la capitale des Provinces Unies de Rio de la Plata d'où il s'embarquerait pour vivre le restant de ses jours en exil en Europe.[80]

Les guerres d'Indépendance étaient finallement terminées pour San Martín et O'Higgins, laissant le Chili dans une situation économique très difficile. Plus tard, Simon Bolivar, ses généraux et ses troupes avec le restant de l'armée de San Martin mettrait fin à la domination espagnole en Amérique avec la bataille décisive de Ayacucho, le 9 décembre 1824.

Pendant ce temps, O'Higgins, toujours désespéré pour obtenir de l'argent, se rendit à Valparaiso le 2 novembre 1822 et obtint un prêt de la communauté de commerce du port, fournisseurs réguliers de son Armée et de la Marine, qui lui donnèrent les fonds nécessaires pour payer les officiers et les marins de l'Escadre.[81]

Il est important de souligner que le 19 novembre 1822,

Wreck of the American ship "Arethusa" on the Chilean coast

to claim the Spanish frigates for Chile, returned with the Squadron to a hero's welcome in Valparaiso on June 13, 1822.[73]

Back in Valparaiso from Peru in 1821,[74] Captain Delano was charged by the Government to build the port's first dock,[75] which was of his own design and planning. This sort of floating wharf could be hauled up onto the beach when the Northers (Valparaiso bay was open to the North) became dangerous. This single wharf served the maritime community in Valparaiso for more than three decades at this important Chilean port.[76] Delano continued his Chilean Naval career as Interim Captain of the port of Valparaiso from March 1 to September of 1822, and, immediately following that post, Captain Delano served in the position of Interim Commander of the Arsenals in Valparaiso until June 23, 1823.[77]

73 *Archivo Historico Naval.* "ViceAlmirante Lord Thomas Alexander Cochrane". v. 1 t. 6 p. 139

74 Rodrigo Fuenzalida Bade. *Marinos Ilustres Destacados del Pasado.* Concepcion: Renacimiento 1985 p. 48

San Martin and Bolivar in Guayaquil, July 26, 1822.

75 Pedro Pablo Figueroa. "Cronicas Navales". *Album Militar de Chile.* 1905

76 Joel Andrew Delano. *The Genealogy History* . . . . p. 472

77 *Escalafon de Marina 1817-1878.* Santiago: Archivo Nacional. 22 May 1951 Fs 107

78 Francisco A. Encina. ed. Leopoldo Castedo. *Resumen de la Historia de Chile.* Santiago: Zig-Zag 1954 p. 2092

79 Ricardo Rojas, *San Martin, Knight of the Andes.* trans. Herschel Brickell and Carlos Videla. New York: Doubleday, Doran & Company, Inc. 1945 p. 203.

80 Ibid. pp. 725, 2092

The Congress of the United States of America formally recognized on March 28, 1822, the independence and sovereignty of the new nations, previously known as the Spanish Colonies in America.[78]

A few months later, following the famous meeting with Simon Bolivar, the Liberator from the north, that took place in Guayaquil on July 26, 1822,[79] a disappointed and ailing San Martin resigned his position in Lima on September 21, 1822 leaving to Bolivar the task of finishing the war. He arrived at the port of Valparaiso on October 12, 1822. San Martin was on his long journey back over the Andes Mountains via Mendoza en route to Buenos Aires, the capital of the United Provinces of Rio de la Plata, from where he would embark to live the remainder of his life in exile in Europe.[80]

mentadas con lo que quedaba del ejército de San Martín, finalizarían la dominación española en América en la decisiva batalla de Ayacucho, el 9 de diciembre de 1824.

Mientras tanto, O´Higgins, siempre angustiado en lo que a dinero se refiere, viajó a Valparaíso el 2 de noviembre de 1822, y negoció con éxito un préstamo proveniente de la comunidad de comerciantes del puerto. Estos comerciantes eran los proveedores regulares de su Ejército y de la Marina, suministrándose por este medio de los fondos necesarios para pagar a los oficiales y la marinería de la Escuadra.[81]

El 19 de noviembre de 1822, alrededor de las 22:00 horas, un sismo de gran envergadura, de tres minutos de duración y sus tres consiguientes tsunamis de 12 pies destruyeron las principales edificaciones del puerto de Valparaíso, demoliendo la mayoría de las iglesias y 700 viviendas. O´Higgins estaba hospedado en la mansión del gobierno de Valparaíso, salvandose gracias a su ayudante, desalojando el edificio segundos antes de que colapsara totalmente.

Cochrane desembarcó, para traer al Director Supremo a su buque insignia, el "O´Higgins", pero estoicamente decidió permanecer en el puerto para dar el ejemplo[82]. El 18 de diciembre de 1822, por decreto gubernamental, se decidió liquidar la escuadra naval chilena, debido a la imposibilidad de pagar sus altos costos. Ocho días más tarde, Cochrane izó su insignia en la modesta goleta "Monctezuma", dejando fondeadas las fragatas "O´Higgins", "Valdivia" y "Lautaro" bajo la custodia del Ministro de la Marina en Valparaíso.[83]

Lord Cochrane renunció a su nombramiento como Vicealmirante de la Marina chilena, el 16 de enero de 1823, trasladándose inmediatamente al Brasil en donde se hizo cargo de la armada brasilera.[84] Don Bernardo O´Higgins, Director Supremo, se vería inmediatamente después forzado a renunciar a causa de la presion ejercida por sus enemigos políticos en Santiago, el 28 de enero de 1823.[85] Posteriormente O'Higgins fue exilado en forma permanente en el Perú, y nunca retornó a su país natal.

El 12 de junio de 1823, Francisco de la Lastra designó al

vers les 22:00 heures, a eu lieu un fort tremblement de terre d'une durée de trois minutes et que les trois raz de marée successifs de 12 pieds dévastèrent les principaux immeubles de Valparaíso, détruisant la plupart des églises et sept cent maisons. O'Higgins se trouvait logé dans la maison de Gouvernement à Valparaíso, et grâce à l'aide d'un subalterne il put sortir de l'immeuble quelques secondes avant qu'il s'écroula. Cochrane désembarqua immédiatement pour transporter le Directeur Suprême à son vaisseau amiral, le "O'Higgins", mais il décida stoïquement de rester au port pour donner l'exemple.[82] Le 18 décembre 1822, par décret du Gouvernement, il fut décidé de dissoudre l'Escadre chilienne, vue l'impossibilité de payer ses coûts. Huit ans plus tard, Cochrane hissa son pavillon sur la plus modeste goelette "Montezuma", laissant les frégates "O'Higgins", "Valdivia" et "Lautaro" sous la garde du Ministère de la Marine.[83]

Lord Cochrane renonça à ses fonctions de Vice-Amiral de la Marine chilienne le 16 janvier 1823, et partit pour le Brésil où il se chargea de la Marine brésilienne.[84] Don Bernardo O'Higgins, le Directeur Suprême, immédiatement après, fut forcé par ses ennemis politiques à renoncer à Santiago le 28 janvier 1823.[85] Il fut ensuite exilé au Pérou de manière permanente et ne retourna jamais à sa patrie.

Le 12 juin 1823, Francisco de la Lastra, Gouverneur de Valparaiso nomma le Capitaine Délano comme Commandant Provisoire de la frégate de guerre "O'Higgins", anclée à Valparaiso.[86]

Le Président des Etats-Unis, James Monroe, le 2 décembre 1823, dans son discours annuel au Congrès proclama la "Doctrine Monroe", comme pierre angulaire de la Politique Extérieure des Etats-Unis, déclarant que le Vieux Monde et le Nouveau Monde ont des systèmes différents et doivent demeurer dans des sphères différentes...."

General Simón Bolívar

Valparaiso after the earthquake of 1822

Valparaíso. Mid XIX Century

The Independence wars were finally over for San Martin and O'Higgins, leaving Chile in an exhausted economic condition. Much later Simon Bolivar, his Generals, and his troops with the remnants of San Martin's army would end the Spanish domination in America at the decisive battle of Ayacucho on December 9, 1824.

In the meantime, O'Higgins, always desperate for cash, traveled to Valparaiso on November 2, 1822 and successfully floated a loan from the port's business community, the regular suppliers to his Army and Navy, thereby providing funds to pay the officers and sailors of the Squadron.[81]

As a matter of record, on November 19, 1822, about at 22:00 hours, a three-minute major earthquake and its resulting three consecutive 12-foot tsunamis devastated the port of Valparaiso's main buildings, destroying most of the churches and seven hundred homes. O'Higgins was staying at the Valparaiso Government mansion managing, thanks to an aide, to escape from the building seconds before it totally collapsed. Cochrane came ashore to bring the Supreme Director to his flagship, the "O'Higgins", but he stoically decided to remain at the port to provide an example.[82] On December 18, 1822, by a Government decree, it was decided to dissolve the Chilean naval squadron due to the impossibility of paying for its costs. Eight days later, Cochrane raised his ensign in the modest schooner "Monctezuma", releasing the frigates, "O'Higgins", "Valdivia", and "Lautaro" into the custody of the Marine Ministry.[83]

Lord Cochrane renounced his commission as Vice Admiral of the Chilean Navy on January 16, 1823 traveling to Brazil where he took charge of the Brazilian Navy.[84] Don Bernardo O'Higgins, the Supreme Director, soon afterward would be

---

81 Ibid. p. 276

82 Francisco A. Encina. ed. Leopoldo Castedo. *Resumen de la Historia de Chile.* pp. 738-740

83 Francisco A. Encina. *Historia de Chile* . . . . p. 276

84 *Archivo Histórico Naval.* "ViceAlmirante Lord Thomas Alexander Cochrane". v. 1 t. 6 p. 139

Capitán Délano, Comandante Interino de la fragata de guerra "O´Higgins", anclada en Valparaíso.[86]

El Presidente de Estados Unidos, James Monroe, el 2 de diciembre de 1823, en su mensaje anual al Congreso, proclamó la "Doctrina Monroe" como la piedra angular de la política exterior de los Estados Unidos, "declarando que el Viejo Mundo y el Nuevo Mundo tenían sistemas distintos y que permanecerían en esferas diferentes . . .."

El General Ramón Freire (1787-1851), quien había reemplazado a Bernardo O´Higgins como Director Supremo, organiza una expedición contra las fuerzas realistas que aún permanecían en la isla de Chiloé, un archipiélago en la zona meridional de Chile. El 2 de marzo de 1824, la fuerza expedicionaria que transportaba 1.700 soldados de infantería navegaba rumbo a la isla de Chiloé desde el puerto de Talcahuano. La fragata "Independencia" estaba entre los muchos navíos que tomaron parte en esta expedición, y una vez más el Capitán Délano, fue nombrado Capitán de su antiguo buque, antes conocido como el "Curiazo". Este segundo intento para derrotar a los realistas y conquistar a Chiloé fracasó, retornando la malograda expedición a Valparaíso el 15 de mayo de 1824.[87] El Capitán Délano, un marino desilusionado y cansado, con pleno conocimiento de los hechos, escribe a su antiguo almirante, Lord Cochrane desde Valparaíso a su base en Brasil, una conmovedora carta en donde le comunica que viene de regresar de una fracasada expedición bajo el mando del General Freire, quien la había organizado contra los Realistas que resistían en Chiloé. Le informa que su antiguo barco insignia, el "O´Higgins", había sido reparado y estaba de nuevo en condiciones de navegar. Para este momento, había recibido tan solo tres meses de paga y que si podía obtener reunir suficiente dinero, abandonaría el país.[88]

El 14 de noviembre de 1824, el Capitán Délano fue designado Comandante del Departamento de la Marina en Valparaíso. En abril de 1826, el gobierno chileno, que necesitaba urgentemente de fondos para pagar a su Armada decidió vender, en contra de su propia voluntad, algunos navíos en una subasta publica. Las Provincias Unidas del Río de la Plata, en guerra con Brasil en aquella época, adquirieron todos los barcos chilenos disponibles. Entre estos navíos vendidos en

Le Général Ramon Freire (1787-1851) qui avait remplacé O'Higgins comme Directeur Suprême, dirigea une expédition contre les forces royalistes restantes à Chiloe, un archipel dans le Chili Septentrional. Le 2 mars 1824, la force expéditionnaire composée de sept cent soldats d'infanterie se mit à la mer depuis le port de Talcahuane. La frégate "Independencia", se trouvait parmi les nombreux bâteaux qui prirent part à l'expédition, et une fois de plus, le Capitaine Délano fut nommé Capitaine de son vieux bâteau, connu autrefois, sous le nom de "Curiazo". La seconde tentative contre les royalistes échoua à Chiloe, et l'expédition retourna à Valparaíso le 15 mai 1824.[87] Un compréhensiblement fatigué et désillusionné marin, Paul Délano, écrit à son antérieur amiral Lord Cochrane depuis Valparaíso à son poste au Brésil, une lettre poignante informant qu'il venait tout juste de revenir d'une expédition sans succès sous les ordres du Général Freire, qui l'organisa contre les Royaliste stationnés à Chiloe. Il l'informa que son vieux bateau amiral le O'Higgins avait été réfectionné et se trouvait à nouveau en bon état. A cette date, il avait reçu seulement trois mois de salaire et s'il pouvait rassembler suffisamment d'argent il quitterait le pays.[88]

Le 14 novembre 1824, le Capitaine Délano fut nommé Capitaine du Département de la Marine à Valparaíso. En avril 1826, le Gouvernement chilien, toujours à court de fonds, pour payer sa Marine, décida à contre-coeur de vendre certains de ses bateaux aux enchères. Les Provinces Unies de Rio de la Plata, alors en guerre contre le Brésil, acheta tous les bateaux chiliens disponibles. Parmi les bateaux vendus à Valparaíso, se trouvait le bateau "Independencia", l'ancien bateau "Curiazo" du Capitaine Délano qui fut vendu pour 40.000 pesos. Les nouveaux propriétaires lui changèrent le nom à "Montevideo" et le bateau commença promptement à naviguer en compagnie du vieux "O'Higgins" et du "Chacabuco" en partance pour le Cap Horn et Buenos Aires. Un temps extrêmement mauvais obligea le

Valparaiso, Mid-XIX Century

Map of Chile, early XIX Century

85 Francisco A. Encina. ed. Leopoldo Castedo. *Resumen de la Historia de Chile.* p. 759

86 *Ministerio Principal de Marina de Valparaiso,* June 13, 1823

87 Rodrigo Fuenzalida Bade. *La Armada de Chile . . . .* v. 1 pp. 269-274

forced by his political enemies in Santiago to abdicate on January 28, 1823.[85] He was later permanently exiled to Peru, never to return to his homeland.

On June 12, 1823, Francisco de la Lastra, Governor of Valparaiso, appointed Captain Delano as Interim Commander of the war frigate, "O'Higgins", at anchor in this port.[86]

President James Monroe of the United States, on December 2, 1823, in his annual message to Congress, proclaimed the "Monroe Doctrine" as a cornerstone of the United States foreign policy "declaring that the Old World and the New World had different systems and must remain distinct spheres . . .".

General Ramón Freire

General Ramón Freire (1787-1851), who had replaced O'Higgins as Supreme Director, led an expedition against the remaining Royalist forces in Chiloe, an archipelago in southern Chile. On March 2, 1824, the expeditionary force transporting seventeen hundred infantry soldiers sailed bound for Chiloe from the port of Talcahuano. The frigate, "Independencia", was among the many vessels taking part in the expedition, and once more Captain Delano was appointed Captain of his old ship, the former "Curiazo". The second attempt to defeat the royalists in Chiloe failed, returning the unsuccessful naval expedition to Valparaiso on May 15, 1824.[87] An understandably tired and disillusioned seaman, Captain Delano, wrote his former admiral Lord Cochrane from Valparaiso to his station in Brazil. The poignant letter stated that he had just returned from an unsuccessful expedition under the command of General Freire, who had organized it against the Royalist hold out in Chiloe. He informed him that his old flagship "O'Higgins" had been overhauled and was again sound. Captain Delano, at this time, had

Valparaíso, se encontraba la "Independencia", el viejo "Curiazo", antiguo barco del Capitán Délano, el cual fue subastado por 40.000 pesos. Los nuevos propietarios cambiaron su nombre por el de "Montevideo" volviendo a navegar en compañía de los viejos barcos "O'Higgins" y "Chacabuco" zarpando con destino al Cabo de Hornos y mas adelante a Buenos Aires. Una espantoso temporal forzó la "Montevideo" a buscar refugio en Talcahuano en donde por impericia se varó en un bajo. Posteriormente fue reflotada, y adquirida en 20.000 pesos por un comerciante local quien la revendió a la Armada peruana. La antigua fragata "Curiazo", irónicamente finalizó sus días de navegación en el puerto de El Callao, Perú, como parte de un nuevo rompeolas.[89]

En un continuo esfuerzo por contener a los siempre amenazantes vientos Norteños, el Capitán Délano fue comisionado por el gobierno, en 1831, para construir el primer muelle en este relevante puerto chileno de Valparaíso.

Un sismo de gran envergadura asoló Concepción el 20 de febrero de 1835,[90] destruyendo la ciudad parcialmente, incluyendo la casa del Capitán Paul Délano. Charles Darwin (1809-1882), el famoso naturalista inglés, se encontraba visitando el área en aquella época, a bordo del H.M.S. "Beagle", comandado por el Capitán Robert Fitzroy (1805-1865) dejando para la posteridad un angustioso relato del desastre. De la anotación de su diario de fecha 5 de marzo de 1835:

> *Fui por tierra a Talcahuano y cabalgando con el capitán a Concepción. Las dos ciudades presentaban el más dantesco aunque muy interesante espectáculo que yo haya contemplado jamás. Para cualquier persona, de las que hayan conocido [la cuidad] con anterioridad, debe [de] ser aún peor. Las ruinas están en un estado de total confusión, y la escena tiene muy poco que ver con un lugar habitable, que es difícil entender cuán grande ha sido el daño .... En Concepción, cada casa o fila de casas son un montón o línea de ruinas; en Talcahuano, debido a la gran onda, poco más había quedado que una capa de ladrillos, losas y maderos, con un pedazo por aquí y otro por allá de un muro que aún permanece de pie.*[91]

La versión del Capitán Fitzroy sobre la catástrofe es más

"Montevideo" à chercher refuge à Talcahuana où il sombra. Plus tard, il fut sauvé et acheté pour 20.000 pesos par un commerçant local qui le revendit à la Marine péruvienne. La vieille frégate, le "Curiazo", ironiquement finit ses jours de navigation au port de El Callao, au Pérou, comme brise-lames.[89]

Dans un effort continu pour repousser les toujours menaçants Vents du Nord, le Capitaine Délano fut chargé par le Gouvernement, de construire la première jetée dans le port de Valparaíso.

Un important tremblement de terre avait frappé Concepción le 20 février 1835,[90] détruisant en partie la ville, y compris la maison du Capitaine Paul Délano. Charles Darwin (1809-1882), le fameux naturaliste anglais, se trouvait visitant la région à bord du H.M.S. "Beagle", commandé par le Capitaine Robert Fitzroy (1805-1865) laissant à la postérité un poignant récit du désastre. De ses notes quotidiennes correspondant au 5 mars 1835:

> *J'étais sur le bord de la mer à Talcahuano et ensuite, le Capitaine et moi, nous nous sommes dirigés vers Concepción. Les deux villes présentaient le plus horrible bien qu'intéressant spectacle que j'ai jamais contemplé. A toute personne qui les auront connues, cela leur semblera encore pire; car les ruines sont tellement confuses et mêlées et la scène ressemble si peu à un lieu habité, qu'il est difficile d'évaluer les dommages... A Concepción, chaque maison ou rangée de maison est un tas ou une ligne d'escombres; à Talcahuane, à cause de la grande vague, peu est resté à part un monceau de briques, tuiles et bois de construction, et ici et là quelques parties de mur encore debout.*[91]

La version du Capitaine Fitzroy sur la catastrophe est plus technique, bien qu'extrêmement descriptive dans son particulier et marin style à bâtons rompus, narrant en grand détail mesmérien le phénomène du tremblement de terre comme suit:

only received three months pay and informed Lord Cochrane that if he could raise enough money he would leave the country for good.[88]

On November 14, 1824, Captain Delano was appointed Commander of the Department of the Navy in Valparaiso. In April 1826, the Chilean Government, in dire need of funds to pay for its Navy, reluctantly decided to sell some of its ships at auction. The United Provinces of Rio de la Plata, at war with Brazil at that time, purchased all the Chilean ships available. Among these ships sold in Valparaiso, was the "Independencia", Captain Delano's old ship "Curiazo" which was auctioned off for 40,000 pesos. The new owners changed her name to "Montevideo"; she was soon sailing in the company of the old "O'Higgins", and the "Chacabuco" bound for rounding Cape Horn and then Buenos Aires. Extremely bad weather forced the "Montevideo" to seek refuge in Talcahuano where she foundered. Later, she was salvaged, purchased for $ 20,000 by a local merchant who resold her to the Peruvian Navy. The old frigate, "Curiazo", ironically ended her sailing days back at the port of El Callao, Peru as part of a new breakwater.[89]

In a continuing effort to fend off the ever-threatening Northers, Captain Delano was commissioned by the Government, in 1831, to construct the first jetty at this foremost Chilean port of Valparaiso.

Valparaiso, Custom House and wharf.

Charles Darwin

A major earthquake struck Concepción on February 20, 1835,[90] partially destroying the city, including the house of Captain Paul Delano. Charles Darwin (1809-1882), the famous English naturalist, was visiting the area at that time on board the H.M.S. "Beagle", commanded by Captain Robert Fitzroy (1805-1865) who left, for posterity, a harrowing account of the disaster. From his dairy entry of March 5, 1835:

88 Paul Delano to Lord Cochrane. Valparaiso, Chile, May 13, 1824. Dundonald Muniments. Scottish National Records Office. Document 891.

89 Rodrigo Fuenzalida Bade. *La Armada de Chile* . . . . v. 1 pp. 352-354

90 Francisco A. Encina. ed. Leopoldo Castedo. *Resumen de la Historia de Chile*. p. 869

técnica, y a pesar de todo, extremadamente descriptiva con su peculiar estilo náutico narrando con detalles hipnotizantes el fenómeno sísmico como sigue:

> A las diez de la mañana del 20 de febrero, enormes bandadas de aves marinas se hicieron notar, pasando sobre la ciudad de Concepción, desde la costa hacia el interior; y alguna sorpresa causó por el inusual y simultáneo cambio que se produjo en el hábito de aquellas aves, ya que no había señales de alguna tormenta que se fuese aproximando y que fuese visible. Alrededor de las 11, la brisa proveniente del sur refrescaba como usualmente . . . el cielo estaba claro y casi despejado. A las 11:40, se sintió la sacudida de un terremoto, de forma ligera al principio, pero incrementándose rápidamente. Durante el primer medio minuto, muchas personas permanecieron en sus casas, pero después, los movimientos convulsivos fueron tan fuertes, que la alarma se hizo general, y todos huyeron hacia espacios abiertos como medida de seguridad. El espantoso movimiento se incrementó; la gente podía difícilmente mantenerse en pie; los edificios se cimbreaban y tambaleaban (de repente una sacudida espantosa y abrumadora causaba una destrucción universal) y en menos de seis segundos, la ciudad estaba en ruinas. El ruido atronador de viviendas cayéndose; el horrible estallido de la tierra, que se abría y cerraba rápidamente y repetidamente en numerosos lugares; los desesperados y desgarradores gritos de la gente; el sofocante calor; las cegadoras y ahogantes nubes de polvo; la absoluta impotencia y confusión y el extremo horror e inquietud no se pueden ni describir ni imaginar totalmente.

> Esta convulsión fatal ocurrió aproximadamente minuto y medio después de la primera sacudida; y tuvo una duración de casi dos minutos, con igual violencia. Durante este tiempo, nadie pudo mantenerse en pie sin apoyo; las personas se abrazaban unos a otros, a árboles, a los postes. Algunos se arrojaban al suelo, pero allí el movimiento era tan violento que se veían obligados a estirar sus brazos a cada lado, para evitar ser sacudidos una y otra vez. Las aves de corral volaban chillando alocadamente. Los caballos y otros animales estaban sumamente asustados; permanecían de pie con sus patas separadas y sus cabezas para abajo, temblando de forma convulsiva.

> A dix heures du matin du 20 février, un très grand vol d'oiseaux de mer fut remarqué, passant sur la ville de Concepción, venant de la côte et se dirigeant vers l'intérieur du rivage et tout le monde très excité à cause d'un si inusité et simultané changement de coutumes de ces oiseaux, sans qu'un seul signe qu'une tourmente s'approchait soit visible. Vers onze heures, la brise du sud rafraîchit plus que d'habitude — le ciel était clair, et presque sans nuage. Quarante minutes après onze heures, on sentit la secousse d'un tremblement de terre, légèrement au début, augmentant rapidement. Durant la première demi-minute, plusieurs personnes restèrent dans leurs maisons ; mais alors les mouvements convulsifs étaient si forts, que l'alarme devint générale, et tous se précipitèrent vers les espaces ouverts par prudence. L'horrible mouvement augmenta ; les personnes pouvaient difficilement se mantenir debout ; les édifices ondulaient et chancelaient — tout d'un coup une horrible secousse écrasante causa la destruction universelle — et en moins de six secondes, la ville était en ruines. Le bruit formidable des maisons qui s'écroulaient ; l'horrible craquement de la terre qui s'ouvrait et se fermait rapidement et à plusieurs reprises à de nombreux endroits ; la clameur désespérée des gens ; la chaleur étouffante, les aveuglants et étouffants nuages de poussière, l'impuissance absolue et la confusion, et l'extrême horreur et alarme, ne peuvent ni être décrits ni imaginés pleinement.

> Cette convulsion fatale eut lieu à peu près une minute et demie après la première secousse ; et elle dura presque deux minutes, avec une violence égale. Pendant ce temps, nul ne pouvait se mantenir debout sans un appui ; les gens s'accrochaient les uns aux autres, aux arbres, ou aux postes. Quelques-uns se jetèrent au sol ; mais là le mouvement était si violent qu'ils étaient obligés de tendre leurs bras de chaque côté, afin d'éviter d'être lancés d'un côté à l'autre. Les volailles volaient braillant sauvagement. Les chevaux et autres animaux étaient grandement effrayés, debout sur leurs pattes écartées, et leurs têtes basses, tremblant très fort.

> Après que la plus violente secousse eut cessé, les nuages de poussière formés par les immeubles croulants, commencèrent à se disperser ; les gens commencèrent à respirer plus librement et

View of the port of Talcahuano, Chile. Early XIX Century

> *I went on shore to Talcahuano and afterwards rode with the captain to Concepción. The two towns presented the most awful yet interesting spectacle I ever beheld. To any person who had formerly known them it must be still more so; for the ruins are so confused and mingled, and the scene has so little the air of an habitable place, that it is difficult to understand how great a damage has been . . . . In Concepción each house or row of houses stood by itself a heap or line of ruins: in Talcahuano, owing to the great wave, little more was left than one layer of bricks, tiles and timber, with here and there part of a wall yet standing up.*[91]

Captain Fitzroy's version of the catastrophe was more technical, yet nonetheless, extremely descriptive in his peculiar rambling official style, narrating in great mesmerizing detail the earthquake phenomenon as follows:

> *At ten in the morning of 20 February, very large flights of sea-fowl were noticed, passing over the city of Concepción, from the sea-coast, towards the interior: and some surprise was exited by so unusual and simultaneous a change in the habits of those birds, no signs of an approaching storm being visible. About eleven, the southerly breeze freshened up as usual—the sky was clear, and almost cloudless. At forty minutes after eleven, a shock of an earthquake was felt, slightly at first, but increasingly rapidly. During the first half minute, many persons remained in their houses; but then the convulsive movements were so strong, that the alarm became general, and they all rushed into open spaces for safety. The horrid motion increased; people could hardly stand; buildings waved and tottered—suddenly an awful overpowering shock caused universal destruction—and in less than six seconds the city was in ruins. The stunning noise of falling house; the horrible cracking of the earth, which opened and shut rapidly and repeatedly in numerous places; the desperate heart-rending outcries of the people; the stifling heat; the blinding, smothering clouds of dust; the utter helplessness and confusion; and the extreme horror and alarm, can neither be*

91 Robert Fitzroy. *A Narrative of the Voyage of H.M.S. "Beagle"*: being passages from the Narrative written by Captain Robert Fitzroy, R.N. . . . ed. David Stanbury. London: Folio Society 1977 p.227

Después de que la sacudida más violenta cesó, las nubes de polvo que se habían levantado al caer las edificaciones, empezaron a dispersarse; la gente respiraba más libremente, y se atrevieron a mirar a su alrededor. La vista era fantasmagórica y sepulcral. Pálidos y temblorosos, cubiertos de polvo y sudor, corrían de un lugar a otro preguntando por familiares y relacionados; y muchos parecían estar totalmente desprovistos de la razón.

Sacudidas considerables continuaron para atormentar y alarmar [a la población] durante pequeños intervalos de tiempo. La tierra ya no permaneció en silencio durante ese o el próximo día, ni por supuesto durante los tres días que siguieron a la gran sacudida; y durante muchas horas después de la ruina, seguía temblando y las sacudidas fueron muy frecuentes mas no severas. Muchas de éstas, pero no todas, estuvieron precedidas de un estruendo, ruido subterráneo, como un trueno distante. Estos ruidos procedían de la parte suroeste y precedían a una sacudida de uno o dos segundos, pero no eran frecuentes, el sonido ya no estaba acompañado por ninguna sacudida.[92]

Este impresionante informe del Capitán Fitzroy, sobre el terremoto de gran envergadura continua con una extensa descripción de la catástrofe. Relata que en Talcahuano, el gran sismo fue sentido de forma tan severa como en Concepción, con un resultado neto de tan solo tres casas que quedaron de pie principalmente porque estaban construidas sobre cimientos sobre roca. Las casas que fueron construidas sobre suelos arenosos entre la playa y las colinas, como era la del Capitán Paul Délano, fueron totalmente destruidas. Sorpresivamente, casi todos los habitantes de Talcahuano escaparon ilesos, "pero a duras penas se habían recuperado de las sensaciones de las ruinosas sacudidas, cuando creció la alarma cuando el mar se estaba retirando"![93] Estas fueron las experiencias telúricas, cada cual más aterradora que el Capitán Délano experimentó ese espantoso día en Talcahuano.

La narrativa del Capitán Fitzroy continua dramatizando el efecto de las tres gigantescas y consecutivas olas que inundaron el puerto de Talcahuano después del terremoto, describiendo la increíble altura que el agua logró alcanzar en ese crucial momento.

osèrent regarder autour d'eux. Effayante et sépulcrale était la vue. Pâles et tremblants, couverts de poussière et de sueur, ils couraient d'un côté à l'autre, appelant leur famille et leurs amis ; et plusieurs d'entre eux semblaient complètement privés de raison.

Des secousses considérables continuèrent à harceler et alarmer à courts intervalles. La terre ne resta tranquille ni durant ce jour-là, ni le suivant et à vrai dire ni durant les trois jours qui suivirent la grande secousse, et durant plusieurs heures après la ruine, elle était tremblante et les secousses étaient très fréquentes, bien que pas très sévères. Plusieurs d'entre elles, mais pas toutes, étaient précédées d'un roulement souterrain, semblable à un lointain coup de tonnerre. Ces bruits venaient du sud-ouest et précédaient la secousse d'une ou deux secondes ; parfois, mais pas souvent, le bruit n'était pas accompagné de secousse.[92]

Le stupéfiant rapport du Capitaine Fitzroy sur un de plus grands tremblements de terre au Chili continue avec une description de la catastrophe qui n'en finit pas. Il rapporte qu'à Talcahuano, le grand tremblement fut senti aussi sévèrement qu'à Concepción, avec comme résultat final que seulement trois maisons sont restées sur pied, principalement parce qu'elles avaient été construites sur fondation rocheuse. Les maisons construites sur sol friable et sablonneux entre la plage et les collines, comme la maison du Capitaine Délano, furent toutes détruites. Etonnamment, la plupart des habitants de Talcahuano échappèrent sains et saufs, "mais ils se remettaient à peine des sensations des secousses désastreuses, quand fut donnée l'alarme que la mer se retirait"![93] C'était l'expérience terrifiante que le Capitaine Délano traversa ce jour horrible à Talcahuano.

Le récit du Capitaine Fitzroy continue à dramatiser les effets des trois immenses vagues consécutives qui frappèrent le port après le tremblement de terre, décrivant l'incréible hauteur qu l'eau atteignit à ce moment-là.

described nor fully imagined.

This fatal convulsion took place about a minute and a half after the first shock; and it lasted for nearly two minutes, with equal violence. During this time no one could stand unsupported; people clung to each other, to trees, or to posts. Some threw themselves on the ground; but there the motion was so violent that they were obliged to stretch out their arms on each side, to prevent being tossed over and over. The poultry flew screaming wildly. Horses and other animals were greatly frightened, standing with their legs spread out, and their heads down, trembling excessively.

After the most violent shock ceased, the clouds of dust which had been raised by falling buildings, began to disperse; people breathed more freely, and dared to look around them. Ghastly and sepulchral was the sight. Pale and trembling, covered with dust and perspiration, they ran from place to place, calling for relations and friends; and many seemed to be quite bereft of reason.

Considerable shocks continued to harass and alarm at short intervals. The earth was never long quiet during that or the next day, nor indeed for the three days following the great shock; and during many hours after the ruin, it was tremulous, and the shocks were very frequent, though not severe. Many of these, but not all, were preceded by a rumbling, subterranean noise, like distant thunder. These noises came from the south-west quarter and preceded the shock by one or two seconds; sometimes, but not often, the sound was unaccompanied by any shock.[92]

Captain Fitzroy's amazing report on a major Chilean earthquake continued with a lengthy description of the catastrophe. He reported that at Talcahuano, the great earthquake was felt as severely as in Concepción, with a net result of only three houses left standing mainly because they were constructed upon a rocky foundation. The houses that were built on loose sandy soil between the beach and the hills, as was Captain Delano's

---

92 Ibid. pp. 229, 230

Gracias a una marca que se aprecia en el muro de la casa del Capitán Délano, se determinó que la masa de agua alcanzó 25 pies más allá del nivel usual cuando hay marea alta. Penetró en las habitaciones del primer piso y dejó algunas algas colgando por los restos de los techos o en las partes más altas de los muros rotos. Pero esta no debe ser tomada como la altura máxima de la ola. Una masa de agua arremetiendo contra una playa inclinada con tal fuerza, sería naturalmente controlado su ímpetu por algún tiempo y se treparía por el plano inclinado hasta alcanzar una elevada altura.

De acuerdo con el registro, guardado por el Capitán Délano, aparece que su barómetro cayó 4 ó 5 décimas de pulgada entre el 17 y 18 de febrero [dos días antes del terremoto], y seguía aún cayendo durante la mañana de 18 para después elevarse de nuevo. Esta gran y repentina caída, no fue seguida por un mal tiempo, pudiendo tener alguna conexión con la causa de estos terremotos....[94]

Al escribir a su primo, el Capitán Jabez Délano en Fairhaven, Massachusetts, el Capitán Paul Délano narró su propia e increíble experiencia en Talcahuano, donde se vió forzado a salir corriendo para salvar su vida, trepándose a una colina cercana, justo en el momento que una enorme ola que retornaba, barrió con su casa hacia el mar. Su optimismo en la correspondencia a su primo claramente ilustra su noble carácter. "He perdido todo lo que poseía sobre la tierra y ahora estoy listo para volver a estrenar, Paul Délano."[95]

El 8 de agosto de 1836, Paul Délano fue designado Capitán del puerto de Talcahuano, al sureste de Chile, ahora una estratégica base naval que servía a la ciudad de Concepción.[96] El Capitán Délano había hecho de Talcahuano y sus alrededores el hogar de su familia desde finales de 1820. Pero, a causa de las guerras de Chile en contra de sus vecinos, Perú y Bolivia, el Capitán Délano fue una vez más requerido para servir a la Armada en Valparaíso. El 25 de abril de 1837, fue promocionado a Capitán "graduado", supervisando un eslabón crucial en el esfuerzo de guerra chileno, con los sus usuales deberes de coordinar el abastecimiento de los buques de guerra.[97]

house, were totally destroyed. Surprisingly, almost all the inhabitants of Talcahuano escaped unharmed, "but they had scarcely recovered from the sensations of ruinous shocks, when an alarm was given that the sea was retiring"![93] This was the terrifying experience that Captain Delano went through that awful day in Talcahuano.

Captain Fitzroy's narrative went on to dramatize the effect of the three huge consecutive waves that hit the port after the earthquake describing the incredible height that the water reached at that time.

> *By a marked part of the wall of Captain Delano's house, it was ascertained that the body of water reached twenty-five feet above the usual level of high water. It penetrated into the first floor rooms and left seaweed hanging to the remains of roofs, or to the tops of broken walls. But this must not be taken as the general height of the wave. A body of water, rushing upon a sloping beach with such force, would naturally preserve its impetus for some time, and run up the inclined plane, to a great height.*
>
> *According to a register, kept by Captain Delano, it appears that his barometer fell four or five tenths of an inch between the seventeenth and eighteenth of February [two days before the earthquake], and was still falling on the morning of the eighteenth, after which it rose again. So great and sudden a fall, not followed by bad weather, may have been connected with the cause of the earthquake . . . .*[94]

In writing to his cousin, Captain Jabez Delano back in Fairhaven, Massachusetts, Captain Paul Delano narrated his own terrifying experience at Talcahuano where he was forced to run for his life climbing a mountain close by just in time as a huge return wave swept away his house into the sea. The closing lines in his letter are truly illustrative of his noble character:

[93] Ibid. p. 231
[94] Ibid. pp. 233, 234

Durante su estada en Valparaíso, en su calidad de Capitán del puerto, construyó el primer faro del país en Punta Angeles.[98] A fin de celebrar el Día de la Independencia Chilena, este nuevo faro que construyó, un sencillo y elevado trípode con una voluminosa linterna, fue inaugurado el 18 de septiembre de 1837.[99] Sólo tres días antes, el 15 de septiembre, el Capitán Délano había zarpado con rumbo al norte, desde Valparaíso, al mando de diecisiete veleros de transporte, repletos con municiones, cañones, caballos y 3.200 hombres.[100]

Este ejército estaba compuesto por las tropas chilenas que fueron a luchar contra las fuerzas combinadas del General Andrés de Santa Cruz, comandante supremo del ejército confederado peruano-boliviano. Un desatinado tratado de paz fue apresuradamente firmado en Paucarpate, entre las fracciones guerreras, el 23 de noviembre de 1837, regresando en los transportes, las tropas chilenas nuevamente a Valparaíso, a mediados del mes de diciembre.[101]

Para el 18 de diciembre de 1837, el gobierno chileno denunció el tratado, en reacción a la indignación de la gran mayoría de la población. Las hostilidades contra el gobierno de Santa Cruz fueron rápidamente reanudadas. El 10 de julio de 1838, se llevó a cabo una segunda expedición contra estos mismos enemigos de Chile.[102] El Capitán Délano, quien contaba ahora con 62 años de edad, coordina nuevamente la carga de veintiséis veleros que transportaron a 5.400 oficiales y soldados, con sus correspondiente equipo[103] con destino a la zona de guerra, esta vez bajo el mando del General Manuel Bulnes.[104]

La extraordinaria labor de Paul Délano al organizar, adquirir y suministrar esta gigantesca expedición, revelaba una vez más la gran capacidad gerencial y profesionalismo de este veterano oficial de la armada. Los buques de la Armada chilena desembarcaron a Bulnes y a sus tropas el 8 de agosto de 1838 en Ancón, al norte de Lima.[105] Los chilenos obtuvieron finalmente la victoria en la batalla de Yungay, el 20 de enero de 1839, derrotando en forma decisiva a las fuerzas de la confederación peruano-boliviana.[106]

Pedro Pablo Figueroa, un conocido historiador chileno, co-

de pourvoir les bateaux de guerre et leurs équipages.[97]

Durant son séjour à Valparaíso, en tant que Capitaine du Port, il construisit le premier phare dans la región de Punta Angeles[98] [Angels' point]. Pour célébrer le jour de l'Indépendance du Chili, le nouvel phare qu'il construisit, un simple haut trépied avec une lanterne, fut inauguré le 18 septembre 1837.[99] Seulement trois jours plus tôt, le 15 septembre, le Capitaine Délano avait navigué vers le nord, depuis Valparaiso, commandant dix-sept bateaux de transport, complètement chargés de munitions, canons, chevaux et 3.200 hommes.[100] Cette armée faisait partie des troupes chiliennes qui allaient lutter contre les forces unies du Général Santa Cruz, Commandant Suprême des armées confédérées du Pérou et de la Bolivie. Un absurde traité de paix fut signé à Paucarpata entre les parties en conflit, le 23 novembre 1837, ce qui fit revenir les troupes chiliennes à Valparaíso à la mi-décembre.[101]

Le 18 décembre 1837, le Gouvernement chilien renonça au traité vue l'indignation publique genérale. Les hostilités contre le Gouvernement du Général Santa Cruz reprirent rapidement. Le 10 juillet 1838, une deuxième expédition fut lancée contre les susdits ennemis du Chili.[102] Le Capitaine Délano, maintenant âgé de 62 ans, coordinna le chargement des vingt-six bateaux qui transportaient 5.400 officiers et soldats, tous bien équippés,[103] vers la zone de combat, sous les ordres du Général Manuel Bulnes.[104]

L'extraordinaire travail de Paul Délano pour organiser, acheter et fournir cette énorme expédition montra une fois de plus la grande capacité d'organisation et professionalisme de ce vétéran officier de la Marine. Les bateaux de la Marine du Chili désembarquèrent Bulnes et ses troupes le 8 août 1838 à Ancon, au nord de Lima.[105] Les chiliens furent finalement victorieux à la bataille de Yungay le 20 janvier 1839, annulant les forces de la Confédération du Pérou et de la Bolivie.[106]

" I have lost every-thing (sic) I possess on earth, and now I am ready for the first fashion, Paul Delano".[95]

On August 8, 1836, Delano was appointed Captain of the port of Talcahuano, in southern Chile, a strategic naval base that served the city of Concepción.[96] Captain Delano had made Talcahuano and its environs his family home since the late 1820's. But, because of the wars against its neighbors, Peru and Bolivia, Captain Delano was once more called upon to serve the Chilean Navy in Valparaiso. On April 25, 1837, he was promoted to "graduate" Captain, overseeing a crucial piece of the Chilean war effort, with the familiar duties of supplying the warships and their equipment.[97]

During his stay at Valparaiso, in his capacity as Captain of the port, he built the first lighthouse in the country at Punta Angeles [Angels' Point].[98] To celebrate the Chilean Independence Day, the new lighthouse he constructed, a simple high tripod with a large lantern was inaugurated on September 18, 1837.[99] Only three days earlier, on September 15, Captain Delano had sailed north, from Valparaiso, commanding seventeen transport ships fully loaded with ammunitions, cannons, horses and 3,200 men.[100] This army was comprised of the Chilean troops that were to fight against the combined forces of General Santa Cruz, Supreme Commander of the Peru-Bolivian Confederated Army. A resulting preposterous peace treaty was signed at Paucarpata between the warring factions, which returned the Chilean troops to Valparaiso, by the middle of December.[101]

By December 18, 1837, the Chilean Government had renounced the treaty in reaction to the general public's indignation. The hostilities were promptly resumed against the government of General Santa Cruz. On July 10, 1838, a second

150th anniversary of the first Chilean lighthouse in Punta Ángeles, Valparaíso, Chile. 1837-1987.
EL MERCURIO, Santiago de Chile,
10 de Noviembre de 1987.

95 Andrew Joel Delano. *The Genealogy History* . . . . p. 473 Transcription from Captain's Jabez Delano Jr. (1799- 1874) Notebook.

96 *Escalafon de Marina 1817-1878*. Santiago: Archivo Nacional May, 22 1951 Fs. 107

97 Ibid.

98 Pedro Pablo Figueroa. "Cronicas Navales". *Album Militar de Chile*. 1905

99 Virgilio Figueroa. *Diccionario Historico y Biografico y Bibliografico de Chile*. Santiago: Establecimientos Graficos Barcelles 1928 pp. 553-554

100 Rodrigo Fuenzalida Bade. *La Armada de Chile* . . . . v. 1 p. 26

101 Ibid. p. 405

menta acerca de la personalidad del Capitán Paul Délano en su Album Militar de Chile:

> El señor Délano estuvo al servicio del gobierno [casi 24 años] hasta el año de su fallecimiento, hecho acaecido el 4 de febrero de 1842 en Talcahuano, habiendo alcanzado el rango de Capitán. Fue un gran marino. Este personaje de temperamento amable y bueno, supo [como] ganarse la estima y el aprecio del gobierno supremo, el estamento militar y de su oficial superior, el Almirante Lord Cochrane, quien le distinguió constantemente al encomendarle misiones exigentes.

Hasta el día de su muerte a los 66 años de edad, el Capitán Paul Délano estuvo dedicado a la nueva vida que él había elegido en Chile, el país que adoptó y al cual sirvió con distinción.

En una carta fechada en Santiago, el 22 de julio de 1819, enviada a penas un mes después de su llegada a Chile, dirigida a su esposa en Fairhaven, Massachusetts, le informaba que había aceptado la oferta del Director Supremo del Gobierno, Don Bernardo O´Higgins, para continuar sirviendo en la Armada Chilena. Le informaba de su decisión de permanecer en Chile y de traer a toda la familia allí, esperando verla en Valparaíso dentro de los siguientes doce meses[107].

Ann (Ferguson) Délano, Mary Ann (8 años), Robert Ferguson (11 años) y William Gibson (9 años), es decir, el resto de la familia del entonces Capitán de Corbeta Paul Délano, llegaron a Valparaíso el 15 de febrero de 1821, a bordo del buque ballenero Americano "Lorenzo", tras 147 días en el mar[108].

Todos ellos permanecerían para siempre en Chile. Ni un solo miembro de la familia original de Paul Délano, regresaría a su país de nacimiento, los Estados Unidos de América.

Pedro Pablo Figueroa, notable historien chilien, commenta la personalité du Capitaine Paul Délano dans son Album Militaire du Chili (1905):

> Mr. Délano a servi le Gouvernement [pendant presque 24 ans] jusqu'à l'année même de sa mort, qui eu lieu le 4 février 1842 à Talcahuano, ayant atteint le grade de Capitaine. C'était un grand marin. D'un caractère aimable et bienveillant, il sut se gagner l'estime et l'appréciation du Suprême Gouvernement, des institutions militaires et de son officier supérieur, l'Amiral Lord Cochrane, qui lui démontra son estime en lui confiant constamment des missions difficiles.

Le jour de sa mort, à l'âge de soixante six ans, le Capitaine Paul Délano se dédiait à la nouvelle vie qu'il avait choisi au Chili, le pays qu'il avait adopté et servi.

Dans une lettre datée à Santiago le 22 juillet 1819, envoyée à sa femme à Fairhaven, Massachussets, à seulement un mois de son arrivée au Chili, il l'informait avoir accepté l'offre du Directeur Suprême du Gouvernement, Don Bernardo O'Higgins, de continuer son service dans la Marine chilienne. Il lui faisait savoir sa decision de rester au Chili et de faire venir sa famille, espérant la voir à Valparaíso dans les prochains douze mois.[107] Ann (Ferguson) Délano, Mary Ann (18 ans), Robert Ferguson (11 ans) et William Gibson (9 ans), la famille du (en ce temps-là) Lieutenant Commandant Paul Délano arriva à Valparaiso le 15 février 1821 à bord du baleinier américain "Lorenzo" après 147 jours en mer.[108]

Tous restèrent pour toujours au Chili. Aucun membre de la famille originelle du Paul Délano retourna à son pays d'origine, les Etats-Unis d'Amérique.

expedition was launched against the same enemies of Chile.[102] Captain Delano, now 62 years of age, coordinated the loading of twenty-six sailing vessels which transported 5,400 officers and soldiers, all fully equipped,[103] to the war zone under the command of the General Manuel Bulnes.[104] The extraordinary work of Captain Paul Delano in organizing, purchasing and supplying this huge expedition revealed once again the great management capacity and professionalism of this veteran naval officer. The Chilean Navy ships landed Bulnes and his troops on August 8, 1838 at Ancon, north of Lima.[105] The Chileans were finally victorious at the battle of Yungay on January 20, 1839, decisively defeating the forces of the Peru-Bolivian Confederacy.[106]

Pedro Pablo Figueroa, a noted Chilean historian, commented about the personality of Captain Paul Delano in his 1905 *Album Militar de Chile*:

> Mr. Delano served the Government [almost 24 years] until the year of his death, which fell on the February 4, 1842 in Talcahuano, having reached the rank of Captain. He was a great sailor. With a kindly and good natured character, he knew [how] to gain the esteem and appreciation of the Supreme Government, the Military establishment, and his superior officer, Admiral Lord Cochrane, who distinguished him constantly by entrusting him with demanding missions.

To the day of his death at sixty-six years of age Captain Paul Delano was dedicated to the new life he had chosen in Chile, the country he adopted and served.

In a letter dated Santiago, July 22, 1819, sent only a month after his arrival in Chile to his wife Ann in Fairhaven, Massachusetts, he informed her that he had accepted the offer of the Supreme Director of the Government, Don Bernardo O'Higgins, to continue serving in the Chilean Navy. He let her know of his decision to stay in Chile and to bring the family there, expecting to see her in Valparaiso within the next twelve months.[107] Ann (Ferguson) Delano, Mary Ann (18 years), Robert Ferguson (11 years) and William Gibson (9 years) the rest of the family of then Lieutenant Commander Paul Delano arrived in Valparaiso on February 15, 1821, on board the American Whaling vessel "Lorenzo," after 147 days at sea.[108]

Not one member of the original family of Paul Delano would return to the country of their birth, the United States of America.

---

102   Pedro Pablo Figueroa. "Cronicas Navales". *Album Militar de Chile*. 1905
103   Rodrigo Fuenzalida Bade. *Marinos Ilustres y Destacados del Pasado*. Concepcion: Renacimiento 1985   p. 48
104   Rodrigo Fuenzalida Bade. *La Armada de Chile* . . . . v. 1 p. 428
105   Ibid. p. 430
106   Ibid. p. 453
107   Joel Andrew Delano. *The Genealogy History* . . . . p. 470
108   *Archivo de Don Bernardo O'Higgins*. v. 15 p. 54

Jorge Andrés Délano nació en Paris, Francia en 1935. Su abuelo Jorge Agustín, Capitán de Corbeta de la Marina Chilena, recientemente casado con su prima hermana, Maria Isabel Ross Santa Maria, viajaron a Paris a principios de 1907. El Capitán Délano había sido nombrado Agregado Naval a la Embajada de Chile en Francia. Su abuelo se acogió al retiro definitivo de la Marina en 1915, quedándose a vivir en Francia con toda su familia. Su padre, Jorge Monroe nació en Paris en 1908. En 1933, Jorge Monroe se caso con Indalecia Rodríguez Planas, la hija mayor de Andrés Rodríguez Azpurua, un distinguido diplomático venezolano. Durante la segunda guerra mundial, cuando los Alemanes invadieron Francia, los Délano decidieron regresar a Chile.

Jorge Andrés se educo inicialmente en los Padres Franceses de Viña del Mar. En 1949, a la edad de catorce anos, fiel a la tradición naval de su familia, ingreso a la Escuela Naval en Valparaíso. Se gradúa de Guardiamarina en Diciembre de 1954. En 1955 hace el primer viaje al Oriente en el Buque Escuela "Esmeralda", adquirido el ano anterior, por la Marina Chilena en España. El 1 de Enero de 1956 asciende a Subteniente. Se retira de la Marina en Febrero de 1956, para continuar su educación en los Estados Unidos en la Universidad de Michigan de Ann Arbor, Michigan. En Junio de 1959, se gradúa de esta Universidad con un "Bachelor en Business Administration".

Después de su graduación, Jorge Andrés viaja a Venezuela, el país de su madre, incorporándose al Grupo Industrial Mendoza, una empresa familiar. Dentro del Grupo Mendoza comienza su carrera ejecutiva en Vencemos, una importante fabrica de cementos, para luego ser transferido en 1968, como Gerente General de Vencerámica. Vencerámica, una modesta fabrica de sanitarios local en sus comienzos, crece espectacularmente durante la década de los 70. Jorge Andrés es nombrado Presidente Ejecutivo del Grupo Cerámica en 1975. Vencerámica transformada en una multinacional produce una amplia gama de artículos para el baño, continuando su rápido crecimiento contando con fabricas en Venezuela, Ecuador, Chile y los Estados Unidos de Norte América.

En 1994, el Grupo Mendoza vende su participación mayoritaria en todas sus empresas, como resultado de la larga crisis económica que atravesaba Venezuela. Al tomar el control de Vencerámica los nuevos propietarios en Marzo de 1995, Jorge Andrés se separa de su Empresa, después de 27 anos de servicio. Se dedica a la consultoría de empresas de cerámica, participa en una empresa de investigaciones privadas en Caracas y crea su propia empresa de sanitarios en Quito, Ecuador.

En estos momentos se encuentra terminando un Master en Historia Americana en el Trinity College de Hartford, Connecticut. Actualmente esta casado con Katherine Wadsworth residiendo en Farmington, Connecticut y en Quito, Ecuador. Tienen un hijo de catorce anos, Ross Andrés. Jorge Andrés, de un primer matrimonio tiene tres hijas adultas, Helena Clarita, Christina Alecia e Irene Carolina como también dos pequeñas nietas, Ana Christina y Clarisa Helena.

Jorge Andrés Delano est né a Paris en 1935. Son grand père Jorge Agustín, Capitaine de Corvette de la Marine Chilienne, récemment marié avec sa cousine María Isabel Ross Santa María, voyagent a Paris dans les débuts de 1907. Le Capitaine Delano venait d´être nommé attaché naval près l´ambassade du Chili en France. En 1915 il se retire du service actif et fixe comme résidence définitive la France pour y vivre avec toute sa famille. Son père, Jorge Monroe né a paris en 1908. En 1933 il se marie avec Indalecia Rodriguez Planas, la fille aînée de Andrés Rodriguez Azpurúa, un distingué diplomate Vénézuélien. Durant la deuxième guerre mondiale, lors de l´occupation allemande, les Delano décident de retourner au Chili.

Jorge Andrés reçoit son éducation primaire chez les Pères Français de Viña del Mar. En 1949, a l´age de 14 ans et fidèle a la tradition familiale. Il rentre a l´ école navale de Valparaíso. Il obtient son titre d´aspirant naval en décembre 1954. En 1955 il fait partie du voyage inaugural en orient du bateau école "Esmeralda", acquit l´année précédente par la marine chilienne a l´espagne. Le premier janvier 1956 Jorge Andrés est promu sous lieutenant.

Il se retire de la marine en février 1956, pour poursuivre son éducation supérieure aux états unis a l´ université de Michigan au Ann Arbor. En juin 1959 il obtient son diplôme de "Bachelor in Administration ". Nanti de son nouveau titre, Jorge Andrés, voyage au Venezuela, le pays de sa mère où il s´intègre le groupe industriel Mendoza, une entreprise familiale. Il commence sa carrière a Vencemos, une importante fabrique de ciment, pour ensuite être transféré en 1968 comme directeur général de Vencerámica, une modeste fabrique de sanitaires, fabrique locale dans ses débuts, elle grandit d´une manière spectaculaire durant la décade des ânes 70. Jorge Andrés est nommé président directeur général (p.d.g.) du groupe "Ceramica" en 1975. Vencerámica transformée en une multinationale produit une vaste gamme de produits pour salles de bains. Continuant sa rapide croissance, montant des usines au Venezuela, Equateur, Chili et Etats Unis.

En 1994, le groupe Mendoza vend sa participation majoritaire de toutes ses entreprises, résultat de la longue crise économique traversée par le Venezuela. En mars 1995, Jorge Andrés se sépare de l´entreprise après 27 ans de service.

Il se dédit depuis lors au "consulting" d´ entreprises de céramiques, collabore avec une entreprise de recherches, privée a Caracas et crée sa propre entreprise de sanitaires a Quito en république d´équateur. Actuellement il termine une maîtrise en histoire américaine au Trinity College de Hartford, Connecticut.

Il est marié avec Katherine Wadsworth et réside a Farmington, Connecticut et Quito, en Equateur. Il a un fils de 14 ans qui se prénomme Ross Andrés. D´un premier mariage Jorge Andrés a procrée trois filles d´age adulte, Helena Clarita, Christina Alecia e Irene Carolina ainsi que deux petites filles, Ana Christina et Clarisa Helena.

*J*orge Andres Delano was born in Paris, France in 1935. His grandfather Jorge I, a Captain in the Chilean Navy, who had recently married his first cousin María Isabel Ross Santa-Maria, left Valparaiso, Chile in 1907 to serve as the Naval Attaché in the Chilean Embassy in Paris. After his grandfather retired from the Navy in 1915, he stayed on in France with his growing family. His father Jorge II was born in Paris in 1908. In 1933, Jorge II married Indalecia Rodriguez Planas, daughter of Andres Rodriguez Azpurua, a Venezuelan diplomat. During WW II when the German Army invaded France in 1940, the Delano family returned to Chile.

Jorge Andrés Delano at FDR's Memorial, Washington, June 2000

After attending a Jesuit School in Viña del Mar, Chile, Jorge Andres, at the age of fourteen in 1949, followed the family's long-standing tradition and entered the Chilean Naval Academy in Valparaiso, Chile. He left the Navy in 1956 to attend the University of Michigan and was graduated in 1959 with a Bachelor's Degree in Business Administration.

After graduating, Jorge Andres traveled to Caracas, Venezuela to join the Mendoza Industrial Conglomerate, a family owned enterprise that, among other things, manufactured cement and ceramic products. In 1968 he was appointed General Manager and later, in the early 1970's, CEO of Venceramica, now a large multi-national bathroom fixture producer, with factories in Venezuela, Chile, Ecuador, and the United States.

In 1995 Jorge Andres left his Company as a result of a corporate takeover of the Mendoza Group. Since then he has served as a consultant to the ceramic industry, headed a private investigation group in Caracas, Venezuela, and started his own sanitaryware concern in Quito, Ecuador.

At present Jorge Andres is finishing his Master's degree in American History at Trinity College in Hartford, Connecticut. He is married to Katherine Elizabeth Wadsworth and resides in Farmington, Connecticut and Quito, Ecuador. They have one son Ross Andres, age 14. Jorge Andres has three grown daughters from a previous marriage, Helena Clarita, Christina Alecia, and Irene Carolina as well as two granddaughters, Ana Christina and Clarisa Helena.

BIBLIOGRAPHY

Adams, John Quincy. *Memoirs of John Quincy Adams.* Philadelphia: J.B. Lippincott, 1874-77

Albion, Greenhalgh Robert. *The Rise of New York Port 1815-1860.* Boston: Northeastern University Press 1984.

Archivo Nacional. *Escalafón de Marina 1817-1878.* Santiago: 22 Mayo 1951.

Archivo Histórico Naval. *ViceAlmirante Lord Thomas Alexander Cochrane.* ed. Jorge Garin Jimenez. Valparaíso: Imprenta de la Armada 1993, 94, 95, 96, 97, 98. 6 v.

Billingsley, Edward Baxter. *In Defense of Neutral Rights; the United States Navy and the Wars of Independence in Chile and Peru.* Charlotte, N.C.: University of North Carolina Press 1967.

Chandler, Lyon Charles. *Inter-American Acquaintances.* Sewanee, Tennessee: The University Press 1917.

Cochrane, Thomas Alexander. *Memorias.* Santiago: Editorial del Pacifico 1954.

Cochrane, Thomas Alexander. (Thomas, Earl of Dundonald, G.C.B. Admiral of the Red; Rear-Admiral of the Fleet, etc, etc.) *Narrative of Services in the Liberation of Chili (sic), Peru and Brazil from Spanish and Portuguese Domination.* London: J. Ridway 1858 2 v.

Cushing Curtis, Muriel. *Philippe de Lannoy or Philip Delano of the Fortune 1621 and His Descendants for Four Generations.* Plymouth, MA: General Society of Mayflower Descendants 1999.

Delano Ross, Jorge Agustín. *Descendientes de Don David Ross.* Valparaíso, Chile, 1945.

Delano Ross, Jorge Agustín. *La Familia Delano en Chile.* Valparaíso, Chile, 1951 # 13.

Delano, Joel Andrew. *The Genealogy History and Alliances of the American House of Delano.* New York: 1899.

Encina, Francisco A. *Resumen de la Historia de Chile.* Santiago: Editorial Zig-Zag 1954.

Encina, Francisco A. *Historia de Chile desde la Prehistoria hasta 1891.* Santiago: Editorial Nascimiento 1953.

Figueroa, Pedro Pablo. *Crónicas Navales.* Album Militar de Chile. Santiago: 1905

Figueroa, Virgilio. *Diccionario Histórico y Biográfico y Bibliográfico de Chile.* Santiago: Establecimientos Gráficos Barcells 1928 2 v.

Fuenzalida Bade, Rodrigo. *La Armada de Chile desde la Alborada hasta el Sesquicentenario.* Valparaíso: Imprenta de la Armada 1975 2 v.

Fitzroy, Robert. *A narrative of the voyage of H.M.S". Beagle": being passages from the Narrative written by Captain Robert Fitzroy, R.N., together with extracts from his logs, reports, and letters, additional material from the diary and letters of Charles Darwin, notes from Midshipman Philip King, and letters from Second Lieutenant Bartholomew Sulivan.* ed. David Stanbury. London: Folio Society, 1977.

Fuenzalida Bade, Rodrigo. *Marinos Ilustres y Destacados del Pasado.* Concepción: Sociedad Periodística e Impresora Renacimiento 1985.

Harris, Charles A. *Old Time Fairhaven.* New Bedford: Reynolds Printing 1947.

Langley, Lester D. *The Americas in the Age of Revolution 1750-1850.* New Haven: Yale University Press 1996.

Lastra de la, Francisco. *Ministerio Principal de Marina.* Valparaíso: 13 Junio 1823.

Lopez Urrutia, Carlos. *La Escuadra Chilena en Mexico-1822.* Santiago: Editorial Francisco de Aguirre 1971.

Maclay, Edgar Stanton. *A History of American Privateers.* New York: Books for Libraries Press 1970.

Manning, William Ray. *Diplomatic correspondence of the United States concerning the Independence of the Latin American Nations.* New York: Oxford University Press 1925 v 3.

Morrison, John H. *History of New York Ship Yards.* New York: WM. F. Sametz Press 1909.

New York Ship Registry. *Card Catalog.* G.W. Blunt White Library. Mystic Seaport Museum. Mystic, Connecticut. USA.

O'Higgins, Bernardo. *Archivo de Don Bernardo O'Higgins.* Santiago: Archivo Nacional. Imprenta Universitaria 1949 v 5 Instituto Geográfico Militar 1958 v 13 Universidad Católica 1963 20 v.

Rock, David. *Argentina 1516-1987. From Spanish Colonization to Alfonsin.* Los Angeles: University of California Press 1987.

Rojas, Ricardo. *San Martin, Knight of the Andes.* trans. Herschel Brickell and Carlos Videla. New York: Doubleday, Doran & Company, Inc. 1945.

Uribe Orrego, Luis. *Nuestra Marina Militar.* Valparaiso: Talleres Tipograficos de la Armada 1910.

Tombstone rubbing from grave of Captain Paul Delano in Talcahuano, Chile by Juan Pablo Delano T., June 2000.

PHILIPPE DE
Hester De

JONATHAN DELANO
Mercy Warren

THOMAS DELANO
Jean/Jane Peckham

EPHRAIM DELANO
Elizabeth Cushman

WARREN DELANO
Deborah Church

WARREN DELANO
Catherine Robbins

SARA DELANO
James Roosevelt

FRANKLIN DELANO ROOSEVELT

JETHRO DELANO
Elizabeth Pope

NATHAN DELANO
Sarah Tripp

PAUL DELANO
Ann Ferguson

PAUL HINCKLEY DELANO